윌리엄 브래드포드

어린 양을 사랑한 아이

브래드포드 스미스 지음
폴 부쉬 그림
오소희 옮김

차례

1. 월리엄이 받은 선물 ...7
2. 브래드포드 할아버지 ...21
3. 머시가 외투를 벗어버리다 ...34
4. 덩카스터 장날 ...47
5. 잃어버린 양 ...62
6. 새 친구 ...77
7. 로빈 후드가 살던 숲 ...87

8. 스크루비의 브루스터 ...100

9. 왕이다! ...113

10. 윌리엄이 누나를 구하다 ...122

11. 집안에 학자가 태어나다 ...130

12. 감옥 ...137

13. 필그림 ...154

14. 주지사 브래드포드 ...169

    무슨 뜻일까요? ...185
    여러분, 기억하나요? ...186
    윌리엄 브래드포드가 살던 시절 ...187

1
윌리엄이 받은 선물

어린 윌리엄 브래드포드는 할아버지와 함께 살고 있는 빨간 벽돌집을 향해서 달려갔다. 겨우 여섯 살인 윌리엄은 그 짧은 다리로 온 힘을 다해 뛰었다.

"할아버지!" 그가 불렀다. "할아버지---!"

그때 발끝이 돌부리에 걸렸다. 휘청! 하더니 돌로 된 바닥에 납작하게 넘어졌다. 손과 무릎이 벗겨져 상처가 났다. 그러나 그 어린 소년은 울지 않고, 일어나서 다시 달리기 시작했다.

"할아버지!"

할아버지가 부엌문에서 나왔다. "오, 월리! 뭐가 그리 급하지?"

"목초지에 와보세요! 아기 양이 태어났어요! 할아버지가 그러셨잖아요······." 월리엄은 숨이 턱에 차서 말을 잇지 못했다. "첫 번째로 태어나는 양을 제게 주신다고 하셨죠?"

"그럼, 그렇구 말구." 할아버지가 말했다. "가서 함께 보자꾸나." 늙은 할아버지는 소년의 어깨에 손을 얹고 목초지를 향해서 걸었다.

할아버지의 이름도 월리엄 브래드포드였다. 그는 오스터필드에서 가장 좋은 농장을 가지고 있었다. 그의 집도 마을에서 가장 큰 집이었다. 그 집에는 굴뚝이 두 개나 있었는데, 오스터필드에는 굴뚝이 하나도 없는 집도 많았다. 그런 집에서는 맨바닥에 불을 피웠고, 그러면 유리가 없는 창문을 통해 연기가 빠져나갔다. 그 해는 1596년이었는데, 당시 영국에는 굴뚝이 없거나 창문에 유리가 없는 집이 많았다.

오스터필드는 런던에서 북쪽으로 240킬로미터 떨어

진 아주 작은 마을이었다. 그 마을은 그레이트노스 로드 주변에 있었는데, 그 길은 런던에서 스코틀랜드까지 이어지는 것이다. 어린 윌리엄이 알고 있는 곳은 오스터필드 밖에 없었고, 그는 그곳이 세상에서 가장 중요

그의 집은 오스터필드에서 가장 큰 집이었다.

한 곳이라고 생각했다. 혹 런던이나 셔우드 숲을 제외한다면 말이다.
  런던은 엘리자베스 여왕이 사는 곳이었으므로 중요한 곳이었다. 그리고 셔우드 숲은 로빈 후드가 사는 곳이었으므로 중요했다. 그 숲은 오스터필드에서 25킬로미

터 밖에 안 떨어진 가까운 곳에 있었다. 언젠가 윌리엄은 그 숲에 가서 로빈 후드가 살았던 곳을 보게 될 것이다.

하지만 지금 그의 마음은 온통 양에게 쏠려 있었다.

윌리엄은 할아버지의 팔을 잡아당기며 앞서서 걸어갔다. 때때로 뼈가 불거진 늙은 할아버지의 손을 잡고 끌었다. 그는 어떻게든 빨리 가보고 싶었다.

"좀 천천히, 좀 천천히." 할아버지가 웃었다. "난 너처럼 여섯 살이 아니야. 내 다리는 뻣뻣해서 너처럼 빨리 갈 수가 없잖니. 천천히 가도 양이 기다려줄 거다."

그래서 윌리엄은 조금 천천히 걸었다. 그러나 가슴은 빠르게 두근거렸다. 어서 뛰어가서 올해 처음으로 태어난 새끼 양을 보고 싶은 마음이었다.

마침내 그들은 목초지에 도착했다. 윌리엄이 뛰어가 담장 문을 열었다. 그리고 조심해서 문을 다시 닫고 할아버지를 앞서 걸어갔다. 양들은 멀찌감치 강가의 한쪽 구석에 있었다. 윌리엄은 그곳이 몹시 멀게 느껴졌다. 윌리엄은 또다시 할아버지의 손을 끌어당기기 시작했다. 그러나 할아버지의 말을 기억하고는 자기 발에게 천천히 가라고 말했다.

마침내 양들 근처까지 왔다. 양들은 모두 한곳에 모여 강가에 있는 푸르고 싱싱한 풀을 먹고 있었다. 새로 태어난 양은 보이지 않았다.

"네 양이 어디 있니?" 할아버지가 물었다.

윌리엄은 양을 향해 뛰었다. 그러자 양들이 놀라서 달아나기 시작했다.

"천천히! 천천히 서둘러라." 할아버지가 뒤에서 불렀다. "그렇지 않으면 양들이 놀라거든."

천천히! 왜 모든 일은 그렇게 천천히 일어나는 걸까? 그러나 윌리엄이 양들 옆에 가만히 서 있자, 그것들은 다시 풀을 먹기 시작했다. 이제 그는 천천히 걸어서 양들 한가운데로 들어갔다. 이번에는 양들이 달아나지 않았다. 윌리엄은 털이 북슬북슬한 양들 사이를 비집고 걸어 다니며 자기 양이 될 새끼를 찾아보았다.

그러나 빽빽하게 붙어있는 양들 사이에서는 아기 양이 보이지 않았다. 혹시 큰 양에게 밟혀버렸나? 털복숭이 양들 때문에 숨이 막혔나?

그는 양들을 밀기 시작했고, 그것들은 다시 달아나

기 시작했다. 그는 할아버지가 늘 하던 말이 기억났다.
"천천히 서둘러라."

그는 발끝을 들고 양 떼 사이를 온통 뒤지고 다녔다. 그러나 발견한 것이라고는 자기가 마침내 아이들(Idle) 샛강 앞에 서 있다는 것이다. 그 양이, 자신의 양이 강물 속에 빠져버렸으면 어떡하나 하는 마음에 윌리엄은 다시 뛰기 시작했다. 이제 뛰어가야만 한다.

그때 나무 뒤에 양이 보였다. 어미 양과 아기 양이었다. 그 아기 양은 어미 양 옆에 서서 젖을 빨아먹고 있었다. 윌리엄은 반짝이는 햇빛 속에 눈동자를 반짝이며 그 모습을 바라보았다.

"저기 내 양이 있다." 그가 나직이 혼잣말했다. 처음으로 그 말을 한 것이다. 살아 있는 동물이 자기 것이 되기는 이번이 처음이었다. 그래서 그는 다시 말했다.
"저건 내 양이야."

윌리엄은 돌아서서 할아버지를 쳐다보았다. 그리고 소리를 지르려고 하다가 어린 양을 돌아보았다. 어린 양이 놀라면 안 되겠지. 그래서 그는 손가락으로 자기 양을 가리켰다. 그리고 조심스럽게 천천히 걸어가서 어미 양과 아기 양 곁에 섰다.

그 양은 몹시 작았다. 윌리엄의 무릎보다 더 키가 작았으니 말이다! 윌리엄은 늘 고개를 들어 어른들을 올려다보아야 했는데 이제는 이 어린 양을 보려면 자기 무릎 아래까지 내려다보아야 했다. 묘한 기분이 들었다.

윌리엄은 아기 양 옆에 무릎을 꿇고 앉아서, 부드럽고 섬세한 털을 만져보았다. 흥분해서 가슴이 두근거렸다. 그는 양의 등을 살며시 쓰다듬었다. 그 양이 싫어하는 것 같지 않았다.

"그 암컷의 이름을 뭐라고 부를 테냐?" 할아버지가 곁으로 왔다. 그는 할아버지에 대해서 완전히 잊고 있었다.

"암컷이라구요?" 지난 몇 달 동안 윌리엄은 아기 양이 태어나기를 기다렸다. 그러는 내내 그는 양이 암컷이 되리라고는 한 번도 생각지 못했다. 하지만 할아버지가 암컷이라고 했으니, 틀림없이 암컷일 것이다.

"윌리엄 브래드포드의 양이라고 부르겠어요." 그가 털을 쓰다듬으며 말했다. "하지만 줄여서 베스라고 해야겠어요."

윌리엄은 아기 양의 부드럽고 섬세한 털을 만져보았다.

그날 밤 윌리엄은 할아버지에게 베스를 집에 데려와도 되느냐고 물었다. 아기 양이 너무 어리고 약해서 바깥에 있으면 안 될 것 같았다.

하지만 할아버지는 껄껄 웃었다. "양털이 왜 그렇게 북슬북슬하다고 생각하니? 넌 양우리에서 살고 싶으냐? 마찬가지로 양은 집에 있는 걸 싫어한단다. 윌리, 네 양은 잘 있을 테니 걱정 마라. 자, 할아버지 무릎에 와서 앉아라. 내가 이야기를 해줄게. 그리고 함께 잠자리에 들자."

월리엄은 브래드포드 할아버지를 사랑했다. 월리엄의 아버지는 그가 한 살밖에 안 되었을 때 돌아가셨다. 월리엄은 아버지에 대한 기억이 전혀 없었다. 그리고 나서 어머니는 다시 결혼해서 새 남편의 집으로 들어갔다. 어머니는 월리엄의 누나 알리스를 데리고 갔다. 그래서 월리엄은 할아버지와 단둘이 커다란 할아버지 집에서 살게 되었다. 위더비 부인이 와서 그들을 위해서 음식을 만들어 주었지만, 그녀는 거의 말이 없는 사람이었다.

월리엄은 방을 가로질러 등받이가 높은 긴 의자에 앉았다. 저녁 식사를 마치면 할아버지는 항상 커다란 벽난로 앞에 있는 그 의자에 앉기 때문이다. 그 방은 집에서 가장 큰 방이었다. 브래드포드 가족은 그 방을 '홀'이라고 불렀다.

월리엄은 의자 위에 올라갔다. 그는 흠집이 있는 낡은 의자 위에 발을 끌어올렸다. 그리고 할아버지 옆에 파고 들며 이야기를 기다렸다.

"옛날에……" 할아버지가 말했다. "윌리 네가 태어나기 오래전에 피터 브래드포드라는 분이 살았다. 너의 고조할아버지야."

"그게 언제예요, 할아버지?" 윌리엄이 궁금했다.

"언제냐구? 글쎄, 정확하게 언제인지는 모르겠다만, 아마 70년 전쯤 되었을 거야."

"로빈 후드가 셔우드 숲 속에 살았던 때인가요?" 때때로 할아버지는 그에게 로빈 후드 이야기를 들려주었었다.

"아, 넌 어려운 질문만 하는구나! 할아버지가 그걸 어떻게 알겠니?"

"하지만 할아버지는 모르는 게 없잖아요!"

"이제 고조할아버지 피터 이야기로 돌아가자. 그는 내가 잘 아는 분이니까. 그에게는 로버트라는 아들이 있었어. 나의 아버지였지. 그리고 나에게는 윌리엄이란 아들이 있었어. 너의 아버지 말이다."

윌리엄은 할아버지의 손이 이상하게 떨린다고 생각했다.

"네 아버지는 늠름하고도 좋은 사람이었지." 할아버지가 계속 말했다. "너도 자라서 네 아버지처럼 되길 바란다. 그런데 고조할아버지가 돌아가셨어. 그리고 유언장을 남겼다. 유언장이 뭔지 할아버지가 말해 주었던가?"

윌리엄은 기억이 나지 않았다. 어쨌든 그는 할아버지의 이야기를 듣는 것이 좋았다. 그래서 이렇게 말했다. "다시 말해 주세요, 할아버지."

"사람이 너무 늙기 전에 그가 소유한 재산을 모두 종이에 써 놓는 거야. 그리고 그가 죽었을 때, 그의 재산을 누구에게 줄 것인지 써 놓는 거지. 그게 유언장이란다."

"저는 유언장에 제 양을 할아버지가 받도록 하겠어요." 윌리엄이 말했다. "그래도 되죠?"

할아버지는 커다란 손으로 그의 무릎을 토닥거렸다. "나는 내 양들을 모두 네가 갖도록 유언을 써 놓으마." 그가 말했다. "윌리, 언젠가 너에게도 네 재산을 물려줄 아들이 태어날 거다.

자, 이제 그 고조할아버지 피터의 유언에 대해서 말해주려는 거야. 그는 유언장에 나와 내 형제들에게 각각 암양 한 마리씩을 주신다고 했어. 너도 오늘 암양을 한 마리 가졌지? 내 아들 로버트의 아들들에게 각

17

각 암양을 한 마리씩 준다. 그가 유언장에 그렇게 쓰셨어."

할아버지는 또다시 윌리엄의 무릎을 토닥거렸다. "그리고 네가 가진 그 양은 내 양에게서 태어난 거란다. 그러니까 넌 오늘 단순히 아기 양 한 마리를 얻은 게 아니란다. 네가 앞으로 무엇을 할지를 결정한 거지. 브래드포드 집안은 언제부터인지 모르지만 계속해서 양을 키우는 목자들이었어. 그리고 농부였지. 그러니까 윌리, 넌 자유농이야. 그걸 자랑스럽게 생각하기 바란다."

"할아버지, 자유농이 뭐예요?" 윌리엄이 알고 싶어 했다.

"자유농은 자유인이야. 자기 땅을 소유한 사람이지. 다른 사람 밑에서 강제로 일하는 사람이 아니라, 자기 소유의 땅에서 스스로 농사짓는 사람이란 뜻이야. 이런 사람들은 어떻게 하면 농장을 더 잘 경영하는지를 알지. 자유농은 우리 영국을 든든하게 떠받치고 있는 사람들이야."

윌리엄은 할아버지의 음성에 스며있는 자부심을 느꼈다. 자유농이 되는 건 매우 훌륭한 일이라고 느껴졌다.

"가서 그 책을 가져오너라." 할아버지가 말했다. "시편을 읽어주마. 곧 잘 시간이 되었구나."

그 책이란 성경이었다. 그것은 집안에 있는 유일한 책이었다. 윌리엄은 그 귀중한 책을 조심스럽게 다루어야 한다는 사실을 배웠다. 할아버지가 그에게 벽난로 위 선반에 있는 그 책을 혼자 힘으로 가져오라고 부탁했을 때 그는 매우 자랑스럽게 느꼈다.

"오늘 밤에는" 할아버지가 말했다. "목동에 관한 이야기를 읽어주마. 이제 너도 목동이 되었어, 그렇지?" 그리고 나서 할아버지가 읽어준 글은 윌리엄 브래드포드가 평생 사랑하고 기억하는 글이 되었다.

여호와는 나의 목자시니 내가 부족함이 없으리로다. 그가 나를 푸른 목초지에 누이시며 쉴만한 물가로 인도하시는도다. 내가 사망의 음침한 골짜기로 다닐지라도 해를 당할까 두려워하지 않을 것은 주께서 나와 함께 하심이라. 나의 평생에 선하심과 인자하심이 정녕 나를 따르리니 내가 여호와의 집에 영원히 거하리로다.

윌리엄은 그 말을 모두 이해하지는 못했다. 할아버지가 설명을 해주었다. "애야, 이렇게 목동이 되고 자유농이 된다는 것은 참 좋은 일이란다. 네 양에게 잘 해주어라. 그러면 하나님께서 항상 너에게 좋은 목자가 되실 거야."

윌리엄은 잠시 말이 없었다. 그리고 이렇게 말했다. "제 양의 이름을 바꿔야겠어요. 이 책에서 이렇게 말했잖아요. '나의 평생에 선하심과 인자하심(머시 Mercy)이 정녕 나를 따르리니.' 내 양을 머시라고 부르겠어요.

2
브래드포드 할아버지

어느 여름날, 윌리엄은 한밤중에 잠이 깼다. 창 밖에는 번개가 번쩍거리고 있었다. 천둥소리는 마치 수백 개의 큰 나무통이 언덕 아래로 굴러떨어지는 듯이 우르르 쾅쾅거렸다. 바람이 세차게 방 안으로 들이닥쳤다. 아래층에서는 문짝이 쾅 소리를 내며 닫혔다. 그리고 비가 퍼붓기 시작했다. 굵직한 물방울이 떨어지기 시작하더니 빗발이 점점 더 거세졌다.

또다시 천둥이 쳤다. 이번에는 더 가까운 곳이었다.

약간 겁이 난 윌리엄은 이불 속으로 들어갔다. 천둥소리가 너무 크고 가깝게 들렸던 것이다.

그러자 머시가 생각났다. 머시는 다른 양들과 함께 양 우리에 웅크리고 있을 것이다. 머시는 이제 태어난 지 석 달이 되었다. 그는 날마다 그것을 돌봐주고 사랑해 주었다.

매일 아침 양들을 우리에서 내보낸 뒤 윌리엄은 양 떼를 뒤따라 들판으로 갔다. 머시는 윌리엄을 보자마자 뻣뻣한 다리로 깡충깡충 뛰어와 차갑고 까만 코를 그에게 비볐다. 그러면 그는 무릎을 꿇고 앉아 두 팔로 그것을 안고 말을 건네었다.

지금 머시는 바깥 양우리에 있었다. 윌리엄은 따뜻하고 안전한 침대에 있었다. 그곳에 누워 계속 잠을 자고 싶었다. 그러나 그는 이제 자신이 목동이 되었다고 혼잣말을 했다. 자유농. 할아버지가 그렇게 말하지 않았던가.

윌리엄은 침대에서 기어 나왔다. 맨발로 마룻바닥을 밟으니 차가왔다. 그는 무릎까지 오는 헐렁한 바지를 입고 몸에 꼭 끼는 상의를 입고서 살그머니 방을 나왔다.

계단까지 가려면 커다란 굴뚝 주변을 돌아 할아버지 방으로 들어가는 작은 문으로 들어가야 했다. 할아버지 방은 매우 캄캄했다. 그는 손으로 더듬으며 걸었다. 잘못해서 발에 무엇이 걸리지 않게 하려고 조심하며 천천히 걸었다. "천천히 서둘러라." 할아버지가 늘 그렇게 말했다. 이제 그는 그 말이 무슨 뜻이지 이해할 수 있었다.

할아버지의 커다란 숨소리가 들렸다. 윌리엄은 할아버지를 깨우지 않으려고 매우 조심해서 걸었다. 번개가 방 안에 번쩍 빛을 비췄다. 그는 숨을 죽인 채 계단을 향해서 갔다.

할아버지가 침대에서 몸을 뒤척였다. 윌리엄은 멈추었다. 할아버지가 일어나서 자기에게 다시 침대로 가라고 하실까? 할아버지는 그가 한밤중에 밖에 나가면 안 된다고 하실까? 그가 지금 잘못하고 있는 것일까? 비를 흠뻑 맞고 돌아오면 야단을 맞을까?

그 어린 소년은 천천히 계단을 타고 내려갔다. 골풀로 만든 마룻바닥을 밟을 때마다 쉭쉭 소리가 났다. 그는 살금살금 걸어 부엌으로 들어가 뒷문으로 나갔다.

빗줄기가 마치 작은 돌멩이처럼 그의 몸을 때렸다. 순식간에 머리끝부터 발끝까지 흠뻑 젖어버렸다. 그는 따뜻하고 물기 없는 집으로 다시 돌아가고 싶었으나 계속 앞으로 가야 한다. 이제 목동이 되었으니 비가 조금 내린다고 무서워해서는 안 된다.

양들은 우리의 한곳에 모여 있었다. 양들이 얼마나 서로 촘촘히 달라붙어 있었던지 마치 거대한 양털 담요를 덮어 놓은 것 같았다. 천둥이 치자 양들이 무서운 듯 매애애하고 울었다.

"머시!" 윌리엄이 불렀다. "머시! 어딨니?"

양들의 무리 한 가운데서 작은 울음소리가 들렸다. 그는 천천히 양들을 뚫고 손으로 앞을 더듬으며 갔다. 갑자기 부드러운 코가 그의 손을 비집고 들며 작고 까끌까끌한 혀가 손가락을 핥았다.

그는 무릎을 꿇고 앉아 그 양을 꼭 껴안았다 "머시, 내가 여기 있어. 그러니까 무서워할 것 없어."

그 말을 하고 나자 윌리엄은 무서움이 사라진 것을 느꼈다. 그는 이제 천둥과 번개를 무서워하지 않게 될 것이다. 그는 누군가가 위에서 그를 내려다보고 보호해주

"머시, 내가 여기 있어."

고 있다는 사실을 알았다.

그는 할아버지가 읽어주었던 말을 혼자서 중얼거렸다. "여호와는 나의 목자."

그가 막 집으로 돌아가려고 할 때 할아버지가 부르는 소리가 들렸다. 월리엄은 뛰어가서 마당에 있는 커다란 여물통 앞에서 할아버지와 마주쳤다. 번개가 번쩍일 때마다 할아버지의 얼굴이 보였다. 할아버지의 얼굴은 비를 맞아 번들거렸다.

"머시가 잘 있나 보려고 갔었어요." 윌리엄이 말했다.

"얼른 집에 들어가자." 할아버지가 쭈글쭈글한 손을 윌리엄의 어깨에 얹으며 말했다. "넌 양털이 없으니까 비를 맞으면 금방 젖어버리거든."

아침이 되자 할아버지가 기침을 했다. 위더비 부인은 집에서 만든 약을 할아버지에게 드리려고 했지만 그는 거절했다. 다음날이 되자 그의 병세는 더 악화되었다.

"가서 어머니를 모셔와라." 위더비 부인이 윌리엄에게 말했다. 나 혼자서 밤낮으로 할아버지를 돌봐드릴 수가 없구나."

윌리엄은 위더비 부인이 중요한 전갈을 들려 자신을 심부름 보낸 것이 자랑스러웠다. 그는 좁다란 길로 들어갔다. 할아버지가 사는 큰 집은 길의 맨 끄트머리에 있었다. 어머니가 사는 곳은 2킬로미터 반 거리에 있었는데, 그는 한 번도 혼자서 거기까지 간 적이 없었다.

그는 도중에 잠시 멈추어 네모진 구둣발 끝으로 흙을 찼다. 그러자 뿌연 먼지가 일어났다. 그는 목초지로 달려갔다.

양들은 아직 들판으로 나가기 전이었다. "머시!" 그가 불렀다. "머시!"

그가 우리의 담장 문을 열자, 머시가 깡충거리며 뛰어왔다. 머시가 뛸 때마다 위로 솟았지만 앞으로는 많이 나아가지 않았다. "머시, 이리 온!" 윌리엄이 불렀다. "함께 산책가자!"

머시는 윌리엄 옆에서 뛰어놀며 따라왔다. 때때로 머시는 멈추어 풀을 뜯어먹었다. 그러면 윌리엄은 옆에서 기다리고 서 있었다. 때때로 머시가 너무 빨리 뛰어가서 윌리엄이 온 힘을 다해 달려야 했다.

"윌리엄 왔구나!" 윌리엄이 문을 열자 어머니가 말했다. 어머니가 그다음 말을 할 새도 없이 머시가 집 안으로 뛰어들어왔다.

"할아버지가 병이 나셨어요. 위더비 부인이 엄마가 오셔서 할아버지를 함께 돌봐달라고 하셨어요." 윌리엄이 말했다. 그는 잊기 전에 필요한 말을 잘 전달하려고 했다.

그러자 어머니는 할아버지에 대해서 묻기 시작했다. 두 사람 다 머시에 대해서는 잊어버렸다.

갑자기 두 사람 눈에 머시가 보였다. 머시는 식탁의

긴 의자 위에 두 발을 올려놓고 있었다. 그리고 초록 샐러드가 한가득 담겨있는 커다란 그릇 속에 까만색 작은 코를 처박고 있었다.

"쉬이!" 어머니가 말했다. "저리 가!"

머시가 고개를 들었다. 싱싱한 초록 상추잎을 입에 물고 있었다. "매에에에!" 머시가 말했다. "참 맛있어요!"라는 뜻이었다.

윌리엄의 어머니는 못마땅했다. "이 녀석을 여기서 내 보내라. 그리고 위더비 부인에게 내가 즉시 간다고 말씀드려라. 알리스를 함께 데리고 갈게." 정오가 되기 전에 어머니와 알리스는 할아버지 집으로 짐을 가지고 들어왔다. 할아버지 침대는 일층 방으로 옮겨졌다.

윌리엄은 이제 알리스 누나와 함께 놀 수 있게 되었다. 할아버지가 아프지만 않았다면 그는 무척 행복했을 것이다. 알리스는 세 살 위였는데, 그녀에게는 양이 없었다. 윌리엄은 알리스가 머시와 함께 놀도록 해주었다. 머시가 첫 번째 새끼를 낳으면 알리스에게 주겠다고 약속했다.

며칠에 걸쳐 사람들이 윌리엄 브래드포드 노인을 보

러 왔다. 토마스와 로버트 브래드포드도 왔다. 그들은 윌리엄의 삼촌들이었다. 마을에 사는 남자들이 거의 다 찾아왔다. 그러자 윌리엄의 마음이 불안해졌다. 할아버지가 계속 침대에 누워있으니 겁이 나기 시작했다.

그러던 어느 날 저녁 윌리엄은 혼자서 거실 벽난로 앞 긴 의자에 앉아 있었다. 할아버지가 없는 의자는 매우 쓸쓸했다.

할아버지가 누워있는 방에서 어머니가 나오는 소리가 들렸다. 그는 의자에서 벌떡 일어나 어머니에게 갔다.

"할아버지에게 책을 읽어드릴까요?" 윌리엄이 말했다.

그는 책을 진짜로 읽지는 못했다. 그러나 "여호와는 나의 목자시니"를 얼마나 여러 번 들었든지 눈을 감고도 그것을 끝까지 말할 수 있었다.

"그래, 윌리엄. 할아버지에게 책을 읽어드려라."

윌리엄은 커다란 함으로 뛰어갔다. 묵직한 뚜껑을 열고 그 책을 꺼냈다. 그리고 방으로 들어가서 조용히 침대 옆에 앉았다.

할아버지는 눈을 떴다가 마치 졸린 듯 다시 감았다. "나의 목자." 그가 힘없이 말했다.

윌리엄은 할아버지가 무슨 말을 하는지 잘 알았다. 그리고 그가 너무도 잘 알고 있는 그 글을 읽었다. "내가 사망의 음침한 골짜기로 다닐지라도 해를 당할까 두려워하지 않을 것은 주께서 나와 함께 하심이라."

할아버지가 손을 내밀었다. 그의 손에 윌리엄이 자그마한 자기 손을 놓았다. 할아버지는 미소를 지었다. 윌리엄은 그런 미소를 본 적이 없었다. 잠잠하고도 평화가 가득한 미소였다.

그는 아주 조용히 방에서 나갔다.

할아버지가 돌아가시자, 로버트 삼촌이 가족과 함께 그 집으로 이사 왔다. 그들은 그전까지 할아버지가 소유한 작은 농장에서 살았었다. 윌리엄과 앨리스는 어머니가 사는 작은 집으로 들어갔다. 그 집에는 머시가 있을만한 곳이 없었기 때문에 머시는 할아버지 농장에 두고 갔다.

날마다 이른 아침 윌리엄은 2킬로미터 반을 걸어 농장으로 왔다. 그는 양들을 우리에서 꺼내어 들판까지 몰고 갔다. 늦은 오후가 되면 그는 다시 양들을 우리에 집어넣었다. 때때로 앨리스가 함께 갔다.

조용히 침대 옆에 앉았다.

어느 겨울날 그가 양들을 돌보러 집을 떠나려고 할 때였다. 어머니가 그를 못 가게 말렸다. "윌리엄! 오늘은 가지 마라. 밖에 저렇게 눈이 오잖니. 오늘 양들은 들판에 데리고 가지 않아도 된다."

"눈이 와도 겁나지 않아요." 그가 말했다. "천둥과 번개도 무섭지 않은데, 왜 눈이 무섭겠어요?"

"하지만 너무 춥잖니. 바람이 이렇게 세니까."

"엄마, 걱정하지 마세요. 전 괜찮아요." 그가 말했다.

윌리엄은 집 모퉁이를 돌아갔다. 눈보라가 얼마나 심하게 몰아쳤던지 그는 눈을 꼭 감아야 했다. 그는 몸을 굽힌 채 힘차게 바람을 뚫고 걸어갔다. 그러다가 너무 힘이 들면 돌아서서 바람을 등에 맞으며 숨을 돌렸다.

농장까지는 퍽 멀게 느껴졌다. 돌아오는 길은 더 멀게 느껴졌다. 그러나 그는 해냈다. 혼자서 해냈다. 그는 머시가 태어난 이후 하루도 빠지지 않고 양을 돌보았다. 하루도 거르지 않겠다고 작정했던 것이다.

그러다가 윌리엄이 더 이상 농장에 갈 수 없는 일이 생겼다. 어머니가 병이 난 것이다. 그녀는 너무 쇠약해져서 침대에서 나올 수가 없었다. 윌리엄과 알리스가 함께 집안일을 돌보았지만, 마침내 어머니도 돌아가셨다. 두 아이 모두 할아버지가 살던 집으로 보내졌다. 그들은 그곳에서 로버트 삼촌과 알리스 숙모와 함께 살게 되었다.

어쩐 일인지 할아버지가 없는 할아버지 집은 그전 같지 않았다. 톰과 제인이 그곳에 있었다. 그들은 로버트 삼촌의 아이들인데, 윌리엄과 앨리스 둘 다 그들을 좋아했다.

"내 방에서 함께 자자." 톰이 윌리엄에게 말했다. "방이 커서 둘이 같이 잘 수 있어."

톰은 윌리엄을 데리고 이 층으로 올라갔다. 마치 윌리엄이 그 방을 모른다는 듯. 톰은 할아버지 방으로 들어가는 작은 문을 열고 커다란 굴뚝을 돌아갔다.

"여긴 내 방이잖아." 윌리엄이 말했다. "내가 자던 방이야."

"이제는 내 방이야." 톰이 말했다.

윌리엄은 그 방이 어떻게 자기 방이 아니라 톰의 방인지 이해하기 어려웠다. 그는 그 방이 다른 사람의 방이라고는 생각해본 적이 없었다. 그러나 그는 아무 말도 하지 않았다. '하지만 내게는 머시가 있으니까.' 그가 생각했다. '머시는 내 거야. 아무도 그걸 빼앗아 갈 수 없어.'

그 생각을 하니 기분이 조금 나아졌다.

3
머시가 외투를 벗어버리다

로버트 삼촌은 좋은 사람이었으나 너무 바빠서 윌리엄에 대해서 생각할 겨를이 없었다. 그는 항상 농장에서 해야 할 일이 많았다. 소에게 새 마구를 만들어주고, 나무로 만든 갈퀴를 수리하거나, 병든 양을 돌봐주어야 했다. 로버트 삼촌은 자기 땅뿐 아니라 윌리엄의 땅도 돌봐야 했다. 그 땅은 윌리엄의 아버지와 할아버지가 물려준 땅이었다.

알리스 숙모는 마치 그것이 윌리엄의 잘못인 양 쉬지

않고 그 사실을 상기시켜 주었다. "그 바람에 불쌍한 네 삼촌은 자기 땅 돌볼 시간도 없다니까." 그녀가 이렇게 말하곤 했다. 윌리엄에게 땅이 있다는 사실에 몹시 마음이 상한 것 같았다.

게다가 숙모는 항상 톰과 제인의 편을 들었다. 그녀는 은근히 윌리엄과 알리스가 자기 자식이 아니라는 사실을 들추었다. "톰의 방에 올라가서 옷을 갈아입어라." 그녀는 윌리엄에게 그런 식으로 말했다. 그는 톰이 오기 전에 그 방이 자기 방이었다는 사실을 잊을 수가 없었다. 왜 그 방이 톰 방이기도 하면서 자기 방이 될 수 없는 걸까?

어느 날 두 소년은 강가에 갔다. 그들은 강으로 흘러 들어 가는 작은 샛강으로 갔다. 그 샛강에는 통나무가 놓여 있었다.

"로빈 후드 놀이하자!" 윌리엄이 소리쳤다. "저기 봐. 로빈 후드가 리틀 존을 만났던 그런 다리가 놓여 있어. 톰, 넌 여기 있어. 내가 저 다리를 건너 반대편으로 갈 테니까."

윌리엄은 구두를 벗고 통나무를 달려 샛강을 건너갔

다. "자, 이제 난 리틀 존이고 넌 로빈 후드야." 윌리엄은 작은 나뭇가지를 집어 앞으로 내밀었다.

톰도 나뭇가지를 집었다. "뒤로 물러서라. 대장님이 나가신다." 그가 말했다.

"네가 물러서라!" 윌리엄이 말했다. "내가 대장이다."

두 소년은 조심스럽게 걸어서 통나무 가운데로 왔다.

"감히 로빈 후드에게 물러서라니." 톰이 말했다. "둘 중 하나가 물속에 떨어질 때까지 겨루자." 그는 윌리엄에게 나뭇가지를 확 내리쳤다.

그러나 윌리엄은 들고 있던 가지로 그것을 막았다. 서로 나뭇가지를 휘둘렀다. 어느 한 쪽도 상대방을 제대로 치지 못했다. 떨어지지 않으려고 균형 잡기에도 몹시 힘들었던 것이다. 몸이 뚱뚱한 톰이 먼저 숨을 헐떡이며 몰아쉬기 시작했다.

"떨어져! 떨어져!" 윌리엄이 소리쳤다. "네가 떨어져야 해."

"난 로빈 후드야. 네가 떨어져." 톰이 헐떡거리며 말했다.

"하지만 옛날이야기에는 리틀 존이 로빈 후드를 밀어

서 떨어뜨렸다고 되어 있어." 윌리엄이 고집을 피웠다. 그리고 다시 한번 톰을 나뭇가지로 찔렀다.

 톰은 미끄러졌다. 들고 있던 나뭇가지를 떨어트리더니 두 손으로 윌리엄을 움켜쥐었다. 풍덩! 두 사람은 함께 물속에 빠졌다.

 시냇물이 깊지 않았으므로 아무도 다치지 않았다. 그들은 웃으며 물에서 올라와 입에서 물을 토해냈다.

 그들이 집에 오자 알리스 숙모는 윌리엄을 매로 때렸다. 그녀는 누구의 잘못으로 그들이 물에 빠졌는지 묻지도 않았다. 윌리엄은 벌을 받은 것보다 그것에 더 마음이 상했다. 그뿐 아니라 톰은 윌리엄만의 잘못이 아님을 말하려고도 하지 않았던 것이다.

 일을 할 때에 알리스 숙모는 항상 윌리엄에게 더 힘든 일을 시켰다. 때때로 로버트 삼촌은 그녀가 톰의 버릇을 망가뜨린다고 반박했으나, 숙모는 들으려고 하지 않았다. 그녀는 언제든지 자기주장을 내세웠다.

 어느 날 밤 저녁 식사 후, 윌리엄은 커다란 함으로 가서 성경책을 꺼냈다. 그는 매우 조심해서 그것을 가지고 의자로 갔다. 그는 마치 할아버지처럼 그 책을 읽으

두 사람은 함께 물속에 빠졌다.

려고 했다. 하지만 그가 아는 단어는 몇 개밖에 없었다.

 알리스 숙모가 부엌에서 들어왔다. 그녀는 윌리엄에게서 그 책을 낚아챘다. 너무 급히 낚아채는 바람에 한 페이지가 찢어져 버렸다. 할아버지의 귀중한 책이 한 페이지 찢어진 것이다.

 "누가 그 책을 꺼내도 된다고 했지?" 숙모가 소리쳤다. "두 번 다시 만지기만 해 봐라! 아니 어떻게 너한테 이런 걸 맡긴단 말이냐? 말도 안 되는 소리!"

 "할아버지 책이 찢어졌어요." 윌리엄이 화가 나서 말했다.

 "내가 그랬단 말이냐?" 알리스 숙모가 말했다. "버릇없이 먼저 꺼낸 게 누군데? 톰 방으로 올라가라! 감히 숙모에게 말대꾸하다니! 도대체 너 때문에 우리가 얼마나 고생을 하는지 알기나 하니? 얼른 가! 다시는 저 책을 만지지도 마라!"

 윌리엄은 자기 방으로 갔다. 그는 매로 맞은 것보다 더 마음이 상했다.

 나중에 삼촌과 숙모가 윌리엄 방 바로 옆에 있는 그들의 방으로 올라왔을 때, 윌리엄은 그들의 대화를 들었다. 그들은 윌리엄이 자고 있다고 생각했다.

"윌리엄을 학교에 보내야겠어요." 로버트 삼촌이 말했다. "책 읽는 걸 저렇게 좋아하니까…"

"학교에 보낸다고요! 그 돈이 어디서 나온단 말예요?"

"그 아이 아버지가 상당히 많은 돈을 남겼잖아요. 할아버지도 그렇고요. 그게 우리 돈이 될 수는 없어요."

"그래서 우리 아들보다 그 아이를 더 잘되게 한단 말예요? 당신의 혈육보다?"

"톰도 원하면 학교에 갈 수 있어요." 로버트 삼촌이 조용히 말했다.

학교에 간다! 진짜로 읽는 법을 배운다! 학교에 갈 수 있는 소년들은 많지 않았다. 오스터필드 전체에서 읽을 수 있는 사람은 대여섯 명 밖에 안되었다. 그곳에는 학교도 없었다. 알리스 숙모도 글을 읽지 못했다. 어쩌면 그랬기 때문에 그녀가 윌리엄에게서 그 책을 낚아챘는지도 모르겠다.

이제 학교에 가게 된다! 그는 너무 흥분해서 잠을 이룰 수가 없었다.

하지만 지금 당장 로버트 삼촌은 너무 바빠서 학교 어

쩌고 할 새가 없었다. 봄은 농부에게 가장 분주한 계절이었다. 밭을 갈고, 과일나무를 가지 치고, 들에 도랑을 모두 메꾸어 파종할 준비를 해야 했다.

그리고 나면 양이 새끼를 낳는 시기가 된다. 올해 머시는 첫 새끼를 낳았다. 윌리엄은 약속한 대로 그것을 알리스에게 주었다.

그리고 밭에 채소를 심고 들에 밀과 다른 곡식을 심어야 한다.

마침내 6월이 되었다. 이제 양털을 깎는 계절이다.

윌리엄은 아침 일찍 일어났다. 농장 마당에서 어른들이 말하는 소리가 들렸다. 모닥불이 파닥거리는 소리가 들렸다. 양들이 우스꽝스러운 소리로 조잘거렸다. 그는 창문으로 뛰어갔다.

와! 신 난다!

커다란 모닥불 위에 거대한 솥이 쇠사슬에 묶여 걸려 있었다. 근처에는 큰 통과 물통들이 있었다. 한 남자가 물통 두 개를 들고 집 모퉁이를 돌아왔다. 그는 그 물을 큰 솥에 부었다.

윌리엄은 침대에서 뛰어내렸다. "톰!" 그가 불렀다.

"일어나! 양털을 깎는대!" 그는 바지를 입고 상의를 집었다. 그리고 방에서 뛰어나갔다.

"기다려! 기다려!" 톰이 불렀다.

그러나 윌리엄은 기다릴 수가 없었다. 오늘 같은 날 어떻게 기다릴 수가 있단 말인가? 게다가 톰은 항상 늑장을 부렸다.

알리스 숙모는 너무 분주해서 윌리엄이 부엌을 통해 나가는 것도 알아차리지 못했다. 오늘 윌리엄은 아침 먹을 생각도 없었다.

바깥에는 사람들이 가득했다. 이웃사람 존 비드웰이 양털 깎는 칼을 양손에 들고 있었다. 로버트 삼촌은 그에게 양을 가져와서 꼭 잡고 있었다. 비드웰 씨는 양털 깎는 칼로 빽빽한 양털을 훑었다. 그러자 보송보송한 털이 양의 몸에서 떨어져 나갔다. 어찌나 빠르게 진행이 되었던지 윌리엄은 무슨 일이 일어나는지 제대로 볼 수가 없었다.

그 양은 겁이 나서 계속 울었다. 빠져나가려고 몸부림쳤다. 그러나 로버트 삼촌은 양털을 모두 훑을 때까지 절대로 놔주지 않았다.

다른 남자들은 양털을 근방에 있는 물통에 넣었다. 그리고 따뜻한 물에 그것을 씻었다. 우리 안에 있는 양들은 초조한 듯 서성댔다. 양들은 겁이 났다. 양들이 얼마나 시끄럽게 울었댔던지, 일하는 사람들이 말을 하려면 고함을 질러야 했다.

양을 지키는 개, 로빈은 흥분해서 껑충거리며 빙글빙글 돌며 미친개처럼 짖어댔다. 톰과 제인과 알리스가 나왔다. 그들도 소리를 지르며 빙글빙글 돌았다.

윌리엄은 머시를 찾아보았다. 그때 막 로버트 삼촌이 그것을 잡으려고 했다. "잠깐만요!" 윌리엄이 소리쳤다. 그는 양우리로 달려가서 로버트 삼촌의 소매를 끌어당겼다. "제가 잡을게요." 그가 말했다.

로버트 삼촌이 웃었다. "네가 잡는다고? 애야, 이건 어른이 잡아야 해."

"제가 말을 하면 들을 거예요. 제가 하게 해주세요."

로버트 삼촌이 몸을 폈다. "양이 조금이라도 움직이면 다칠 텐데."

"머시는 움직이지 않을 거예요." 윌리엄이 약속했다. 그러나 만일 움직이면 어떡하지? 그가 실수하고 있는 것

윌리엄이 계속 말을 걸어주었다.

일까? 어떻게 해야 제대로 하는 것인지 알지도 못하지 않는가?

그는 머시에게로 걸어가서 늘 하듯이 두 팔로 그것을 감쌌다. 그는 머시에게 말을 하며 그것을 데리고 비드웰 씨에게로 왔다.

톰과 제인과 알리스는 빙글빙글 돌다가 멈추었다. 그들은 비드웰 씨가 머시 털을 깎는 모습을 보려고 왔다.

"윌리엄은 머시를 잡고 있지 못할 거야." 톰이 말했다.

"윌리엄은 할 수 있어." 알리스가 말했다.

윌리엄은 자부심을 느꼈다. 그는 알리스가 옳다는 걸 보여주어야 한다.

비드웰 씨는 양털 깎는 칼을 양의 몸 가까이 대고 훑었다. 머시가 몸을 떨기 시작했으나, 윌리엄이 계속 말을 걸어주었다. 그는 온 힘을 다해 머시의 두 앞발을 꼭 잡았다.

양털이 머시의 옆구리에 가득 모였다. 칼이 머시의 머리 가까이 가자 머시가 몸을 비틀기 시작했다.

"양을 꼭 잡아라. 그렇지 않으면 양이 다치니까!" 비드웰 씨가 소리쳤다.

윌리엄은 온 힘을 다해 머시를 꼭 잡았다. 그리고 더 빨리 그 양에게 말을 했다. 만일 머시가 다치면 모두 그의 잘못이다. 차라리 자기가 다치는 게 나을 것이다. 하지만 그는 너무 힘이 들어서 더 이상 양을 잡고 있지 못할 것 같았다.

그때 비드웰 씨가 말했다. "자, 끝났다! 이제 놔도 돼. 얘야, 잘했다. 네가 해낼 수 있을 줄 정말 몰랐다."

머시는 다시 풀밭을 뛰어다녔다. 껑충껑충 계속해서 뛰었다. 두툼한 털옷을 벗고 나니 몸이 몹시 가벼운 모양이다.

월리엄은 그 모습을 바라보며 즐거워했다. 자기도 머시와 함께 껑충거리며 뛰는 기분이었다.

4
덩카스터 장날

"덩카스터 장에 가고 싶으냐?" 로버트 삼촌이 물었다. 윌리엄, 알리스, 톰, 제인, 그리고 알리스 숙모 모두 저녁 식사를 마치고 식탁에 앉아 있었다.

"네! 네!" 아이들이 소리쳤다. 윌리엄은 장이 뭔지 확실히 몰랐으나 어쩐지 재미있을 것 같았다. 그리고 덩카스터는 그가 가 본 곳 중 가장 먼 곳이었다. 거의 17킬로나 떨어져 있었다.

"쉬!" 알리스 숙모가 말했다. "당신 무슨 생각을 하는 건지 모르겠군요. 저런 말썽꾸러기 아이들을 데리고 덩카스터까지 가다니. 이것저것 사달라고 조르기만 할 텐데."

"아녜요, 엄마. 조르지 않을게요, 엄마." 제인이 말했다. "쥐새끼들처럼 조용히 있을게요."

모두 푹신푹신한 양털 자루에 앉았다.

이틀 후 브래드포드 일가는 새벽 동이 트기 전에 일어났다. 로버트 삼촌이 윌리엄과 톰을 깨우러 왔다. 그러나 윌리엄은 벌써 일어나 있었다. 그는 거의 잠을 잘 수가 없었다. 로버트 삼촌이 들어오기 반 시간 전에 옷을

다 입고 기다리고 있었다.

"톰, 얼른 일어나!" 윌리엄이 사촌에게 말했다. "덩카스터 장에 가고 싶지 않아?" 톰은 살이 찌고 느릿느릿했다. 그는 늘 마지막 순간까지 미루었다. 그는 기지개를 펴며 하품을 했다. 마침내 윌리엄이 그의 다리를 잡고 침대에서 끄집어냈다.

아래층에서는 알리스 숙모가 부엌에서 분주하게 움직였다. 그녀는 여자아이들에게 일을 시켜놓고도, 조급한 마음에 자기가 직접 그 일을 하고 있었다. 커다란 바구니를 식탁 위에 놓았다. 그리고 빵 한 덩어리, 우유 한 병, 커다란 치즈 한 덩어리, 식은 닭고기, 그 외 맛있는 것들을 바구니 안에 넣었다.

"자, 윌리엄, 수레에 짐 싣는 것을 도와주렴." 삼촌이 말했다. 윌리엄은 마당에서 나가서 삼촌과 함께 수레에 양털 자루들을 실었다. 그러자 가족들이 모두 나와 수레에 올라탔다. 모두 푹신푹신한 양털 자루에 앉았다.

"자, 이제 출발한다!" 로버트 삼촌이 말했다. 그가 말고삐를 흔들어 말의 몸을 살짝 내리치자, 말이 출발했다. 하늘은 조금씩 밝아오기 시작했다. 여름에는 해가 떠오르기 훨씬 전에 하늘이 환해졌다.

아이들은 돌아가며 계속 이렇게 물었다. "이제 다 왔어요?"

그러면 로버트 삼촌은 이렇게 대답했다. "아니. 하지만 조금만 더 가면 돼."

아이들의 마음은 조급했으나 말은 그렇지 않았다. 삼촌이 고삐로 말의 옆구리를 치면 겨우 속도를 조금 내어 걸었다. 그리고나면 잠시 후 다시 느릿느릿 걸었다.

톰은 잠이 들었다. 알리스와 제인은 서로 속삭이며 키득거렸다. 그러나 윌리엄은 앞을 바라보았다. 그는 누구보다도 먼저 덩카스터를 목격하고 싶었다. "저기 보세요!" 마침내 그가 말했다. "저기 뭐가 보여요."

"교회 탑이구나." 삼촌이 말했다.

"들어보세요! 종소리가 들려요."

"장이 시작된다고 알리는 소리야." 삼촌이 말했다.

"잘못하면 늦겠어요." 윌리엄이 소리쳤다. "늙은 말 해리를 재촉하세요. 뛰라고 하세요!"

로버트 삼촌이 웃었다. "서두를 것 없다. 장은 사흘 동안 계속될 테니까."

그러나 윌리엄은 마음이 조급했다.

마침내 그들이 장에 도착했다. 넓은 공터 한가운데 거대한 천막이 세워져 있었고, 그 주변을 둘러 담을 쳐놓았다. 담장 안에는 작은 천막들과 판매대들이 있었고, 벌써 사람들로 붐볐다. 윌리엄은 그렇게 많은 사람들은 난생처음 보았다.

먼저 그들은 말과 수레를 묶어 놓을 적당한 장소를 물색해야 했다. 장에는 수레들이 너무 많아 장소를 찾기가 매우 어려웠다. 그리고나서 윌리엄과 톰은 브래드포드 삼촌을 도와서 양털을 날랐다. 한꺼번에 다 나를 수가 없었기 때문에 먼저 날라다 놓은 양털을 브래드포드 부인과 여자아이들이 감시했다.

다른 농부들도 양털을 가지고 왔다. 브래드포드 가족이 양털 무게를 재는 곳에서 줄을 서서 기다리는 동안, 윌리엄은 주위를 구경하러 돌아다녔다.

장터 한쪽에는 동물들이 있었다. 말, 젖소, 돼지, 양, 오리, 닭, 거위들이었다. 동물들 소리가 너무 시끄러워 윌리엄이 바로 옆에 서 있는 톰에게 말을 하려면 소리를 질러야 했다. 농기구가 가득 쌓여있는 판매대가 있었다. 또 다른 판매대들에는 옷, 가죽제품, 책, 그림, 바구니를 비롯해 없는 물건이 없었다.

"여기서 양털을 잘 보고 있어라." 로버트 삼촌이 말했다. "기다리는 동안 나는 가서 좀 쉬어야겠다. 다른 데로 가면 안 된다. 양털을 잘 감시해야 해. 우리 농장의 일 년 치 양털을 모두 가져왔으니까 말이다."

로버트 삼촌이 시야에서 사라지자마자 톰이 말했다. "저기 봐! 어릿광대가 저글링을 한다. 가서 봐야겠어."

"우린 여길 떠나면 안 돼." 윌리엄이 말했다.

"네가 양털을 보고 있어." 톰은 이렇게 말하더니 가 버렸다.

줄이 조금씩 앞으로 나아갈 때마다 윌리엄은 양털 자루를 앞으로 옮겼다. 양털은 매우 무거웠기 때문에 한 번에 한 개씩 옮겼다.

"애야, 내가 도와주지."

윌리엄이 올려다보았다. 깊은 검은 색 눈에 머리카락이 헝클어진 어떤 남자가 그를 내려다보고 있었다. "너 혼자니?" 그가 물었다.

"네." 윌리엄이 말했다.

"여기 서 있을 필요 없어." 그가 말했다. "양털 무게를 재려고 그러지? 무게 재는 사람을 내가 잘 알지. 내가 자루를 가져갈게. 그러면 줄을 설 필요가 없거든." 그가 양털 자루를 한 개 집었다.

"삼촌께서 여기서 떠나지 말라고 하셨어요." 윌리엄이 그 자루를 잡으며 말했다.

"맞아. 넌 여기 꼼짝 말고 있어라." 그가 말했다. "내가 너 대신 가져갈 테니까. 갖다 놓고 금방 돌아올게." 그가 자루 한 개를 번쩍 들어 어깨 위에 걸치고는 또 다른 자루를 손에 질질 끌고 가기 시작했다.

"안돼요!" 윌리엄이 불렀다. "삼촌께서……."

그러나 그 남자는 들으려고도 하지 않았다. 윌리엄은 어찌해야 할 바를 몰랐다. 그는 장에 와 본 적이 없었다. 어쩌면 그 사람이 하는 일이 옳은지도 모른다. 하지만 윌리엄은 어쩐지 마음이 편치가 않았다. 게다가 그 남자의 낮은 목소리와 유들유들한 미소가 마치 먹이를 덮치려는 사자처럼 느껴졌던 것이다.

"멈춰요!" 윌리엄이 고함을 쳤다. "내 양털을 내놔요!"

사람들이 너무 두껍게 둘러싸고 있는 바람에 그 사람은 벌써 시야에서 사라지고 없었다.

"무슨 일이냐, 얘야?" 윌리엄 앞에서 기다란 막대기를 들고 서 있던 남자가 물었다.

"저 사람이 우리 양털을 가져갔어요." 윌리엄이 말했다. "가서 무게를 재 준다고 했어요."

"그랬단 말이냐? 말도 안 되는 소리! 도둑 잡아라!" 경찰이 소리쳤다. 그리고 그는 지저분한 그 남자 뒤를 쫓아갔다. 바로 그때 로버트 삼촌이 돌아왔고, 윌리엄은 무슨 일이 일어났는지 설명을 했다. 로버트 삼촌은 그가 가져온 자루를 내려놓고 도둑 뒤를 쫓아갔다.

이제 장터에는 고함소리로 난리가 났다. 모두 다 뛰어가며 소리치는 것 같았다. "도둑 잡아라!" 다른 사람들은 목을 빼고 무슨 일인지 두리번거렸다. 윌리엄은 양털 자루 위에 올라섰으나 사람들이 너무 많아서 아무것도 볼 수가 없었다.

곧 로버트 삼촌이 도둑맞은 양털 자루를 가지고 돌아왔다.

"착하다, 윌리엄." 그가 말했다. "도둑을 잡았어. 벌써 파이파우더 재판소로 데려갔지."

"파이파우더? 그게 뭐예요?" 윌리엄이 물었다.

"마을의 시장과 경찰들이 이런 장터에서 안전을 유지하려고 임시로 설치하는 재판소지. 옛날 프랑스어로 신발에 먼지가 소복하다는 뜻이라고 해서 그렇게 부른다는구나." 로버트 삼촌이 발로 땅을 구르니 그의 다리 사이로 먼지가 뽀얗게 일어났다. "그럴듯한 말이지, 안 그래? 그런데 톰은 어디 있니?"

"저, 잠깐 떠났어요." 윌리엄이 말했다. "금방 돌아올 거예요."

로버트 삼촌이 양털의 무게를 재고 그것을 팔았으나 톰은 아직도 돌아오지 않았다. "내가 가서 찾아봐야겠다." 로버트 삼촌이 말했다. "단단히 혼을 내줘야겠어. 내가 분명히 여기서 떠나지 말라고 일렀는데. 윌리엄, 넌 이제 가서 장터를 구경해도 된다. 넌 혼자서도 잘할 수 있다는 걸 보여줬어. 정오까지 수레가 있는 곳으로 돌아오너라. 아 잠깐, 여기 페니 두 개를 가져가서 사고 싶은 걸 사거라."

윌리엄은 난생처음 돈을 가지고 뭘 사게 되었다. 오

모두 다 뛰어가며 소리치는

것 같았다. "도둑 잡아라!"

스터필드에는 살 수 있는 물건이 거의 없었던 것이다.

 윌리엄은 판매대 앞에 늘어서 있는 기다란 줄을 지나서 천천히 걸어갔다. 그는 평생 그렇게 많은 물건을 본 적이 없었다. 상인들은 먼 곳에서 팔 물건들을 가지고 장으로 왔다. 마을 사람들은 일 년 동안 필요한 물건들을 샀다. 그런 곳에서 돈이라고는 2페니 밖에 없는 어린 소년은 아무것도 아니었다.

 그때 어떤 남자가 그의 옷에 인쇄된 종이를 주렁주렁 달고 있는 모습이 보였다. 그를 보는 순간 윌리엄은 다른 물건들에 대해서는 까맣게 잊어버렸다. 그 남자는 손에도 종이를 가득 들고 있었다. 그리고 로빈 후드에 관한 민요를 흥얼거렸다. 그의 몸에 붙어있는 종이에는 민요나 옛날이야기가 쓰여 있었다. 윌리엄은 로빈 후드 이야기를 살까 망설였다. 하지만 그것이 얼마인지 알 수가 없었고, 그 남자가 노래를 부르고 있었기 때문에 물어볼 수도 없었다.

 그러다가 그는 그 남자에 대해서 완전히 잊어버렸다. 왜냐하면 어떤 남자가 공중에서 걸어 다니는 모습을 보았기 때문이다!

어쨌든 그렇게 보였다. 조금 더 가까이 가서 보니 그 남자는 공중에 걸려있는 줄에서 줄타기를 하고 있었다. 하지만 공중을 걷는 것만큼 놀라웠다. 그는 걷는 정도가 아니라 뛰기도 했다! 한번은 그가 거의 떨어질 뻔했다. 그는 줄 위에서 배를 불쑥 내밀고 서서 손으로 날렵하게 원을 그렸다. 윌리엄은 숨이 막히는 듯했으나 구경하는 사람들은 웃을 뿐이었다. 그때 윌리엄은 그 남자가 일부러 떨어지는 체했다는 사실을 깨달았다.

또 다른 남자가 나왔다. 여러 색깔로 된, 몸에 꼭 끼는 옷을 입고 있었다. 그는 마치 바퀴가 굴러가듯 손과 발을 사용해서 굴러갔다. 그리고나서 커다란 굴레 여섯 개를 공중에 던지고는 계속해서 그것들이 움직이게 했다. 이번에는 키가 큰 죽마의 발판에 올라타고 그것을 다리에 묶었다. 그는 죽마를 타고 걸으면서 동시에 굴레들을 모두 공중에 다시 던졌다. 오스터필드에서는 그렇게 놀라운 광경은 어디에서도 볼 수가 없었다.

그리고 나서 어떤 여자가 무대 위로 올라왔다. 거기에는 커다란 나무 판에 칼이 두 개 꽂혀 있었다. 그녀는 칼 옆에 있는 벤치에 손을 놓고 거꾸로 섰다. 그러더니 놀랍게도 손바닥을 칼 위에 놓고 거꾸로 섰다!

윌리엄이 마침내 몇 시인가 보려고 고개를 들어 해를 보니, 때는 정오였다. 이제 수레가 있는 곳으로 돌아가야 한다. 하지만 아직도 2페니가 그대로 있었다.

그는 판매대가 줄지어 있는 길을 따라 걸어갔다. 마침내 그는 사고 싶은 것을 발견했다. 1페니짜리 주머니칼이었다. 그러나 그가 막 그것을 사려고 할 때 옆에 있는 작은 인형이 보였다. 그는 알리스가 얼마나 인형을 갖고 싶어하는지 알고 있었다.

그에게는 머시가 있지 않은가? 하지만 알리스는 아무것도 없었다.

"이 인형 얼마예요?" 윌리엄이 물었다.

"2페니야." 카운터 뒤에 서 있던 여자가 말했다.

"그것 주세요." 그가 말했다.

그는 수레까지 쉬지 않고 달려와서 알리스 손에 인형을 쥐여 주었다. "누나, 이거 가져." 그가 말했다. "난 아무것도 필요한 게 없었어."

알리스는 그것을 팔에 안고 아기처럼 흔들어 주었다. 그녀의 눈빛이 반짝거렸다. "윌리엄, 고마워." 그녀가 말했다.
 그 순간 윌리엄은 주머니칼을 사지 않아서 서운했던 마음이 완전히 사라져버렸다.

5
잃어버린 양

윌리엄은 날마다 로버트 삼촌이 학교 이야기를 꺼내기를 기다리고 있었다. 그는 이제 여덟 살이 되었다. 학교를 갈 나이가 된 것이다. 그러나 삼촌은 아무 말이 없었다. 마침내 윌리엄은 삼촌과 숙모가 그를 학교에 보내는 것에 관해서 나눈 대화를 아마도 꿈속에서 들었나보다 라고 생각하기 시작했다.

어느 날 윌리엄이 톰에게 말했다. "학교에 가고 싶지 않아?"

"가고 싶은 적 한 번도 없었어." 톰이 말했다. "난 농부가 될 거야. 농부가 책은 읽어서 뭐 해?"

"할아버지도 농부였지만 책을 읽으셨어. 책을 좋아하셨지. 나도 책을 읽고 싶어."

"난 내가 원하면 학교에 갈 수 있어. 엄마가 그렇게 말씀하셨어."

그랬었구나! 톰이 학교에 가기 싫어했기 때문에 윌리엄도 학교에 가지 못한 것이다. 알리스 숙모는 윌리엄만 학교에 보내고 싶지는 않았던 것이다.

몇 주일이 지났다. 윌리엄은 날마다 양들을 몰고 들판으로 갔다. 그 들판은 담장이 없는 넓은 곳이었다. 그러므로 양을 잃어버리지 않으려면 항상 누군가가 지켜보아야 했다.

윌리엄은 양과 함께 있는 것을 좋아했다. 그러나 몇 시간이고 양들을 지켜보는 동안 아무 할 일이 없었다. 만일 그에게 책이 있었다면 혼자서 공부를 할 수 있을 것이다. 그는 함에 들어있는 할아버지의 성경책을 생각했다. 날이면 날마다, 몇 달이고, 그 책은 함에 든 채 아무도 읽지 않았다. 누군가 읽지 않는다면 책이 무슨 소용이 있단 말인가?

어느 날 아침 윌리엄은 그 책을 팔에 끼었다. 그는 양치기 개 로빈에게 휘파람을 불었다. 로빈은 꼬리를 흔들며 달려왔다. 그는 윌리엄의 손을 핥았다. "로빈, 가자!" 윌리엄이 말했다.

윌리엄은 로빈을 데리고 목초지로 갔다. 로빈은 양 떼 뒤를 따라 달렸다. 그리고 양 떼를 목초지의 낮은 쪽 담장 문으로 몰아갔다. 윌리엄은 문을 열어 양들이 들판으로 나가게 했다. 양들이 풀을 뜯기 시작할 때 그는 성경책을 폈다. 대부분의 단어는 어려워서 무슨 뜻인지 이해할 수 없었다. 그는 선생님이 필요했다. 그러나 그는 최선을 다해서 읽으려고 노력했다. 간간이 그는 일어서서 양 떼가 움직인 쪽으로 다가갔다.

정오가 되자 그는 숙모가 도시락으로 싸준 빵과 치즈를 먹었다. 그는 아이들 강에서 물을 마셨다. 그리고 다시 책을 읽었다. 그 책에는 흥미로운 이야기가 가득했다. 그러나 그는 무슨 일이 벌어지는지 이해할 수 없어 혼자서 추측을 해야 했다. 마치 누군가가 너무 멀리서 말하는 바람에 무슨 말인지 알아들을 수 없는, 그런

심정이었다.

  그는 그 책을 읽으려는데에 너무 집중했던 탓에 양들에 대해서 까맣게 잊고 말았다. 그러다가 무심코 눈을 들어보니, 양들이 사라지고 없었다!

  그는 벌떡 일어나 책을 겨드랑이에 낀 채 들판을 가로질러 달려갔다. 이제 나무가 빽빽하게 우거진 곳에 다다르자 그 너머에 무엇이 있는지 보이지 않았다. 그 너머로 가려면 숲을 완전히 돌아가야 했다.

  그의 가슴은 마치 망치로 두드리는 것 같았다. 숨을 헐떡이며 양 떼를 불렀으나, 그의 목소리는 멀리가지 못했다. 그는 강을 따라 달리기 시작했다. 마침내 양 떼가 보였다.

  강은 커다란 디귿자 모양으로 구부러져 있었는데, 그 너머에 양들이 있었다. 윌리엄이 강물을 두 번 건넌다면 금세 양들에게 갈 수 있었다. 그러나 만일 디귿자 모양의 강을 돌아서 간다면, 그동안 양들은 거기서 더 멀리 가버릴 것이다.

  그는 강물 속으로 들어갔다. 성경책을 머리 위로 높이 들었다. 물이 그의 옷을 적시며, 허리까지 차올랐다.

그러다가 바윗돌에 발이 걸려서 휘청대며 거의 넘어질 뻔했다. 넘어지는 것은 상관없지만, 할아버지의 성경책이 젖으면 안 된다.

이윽고 그가 강둑을 올라갔다. 이제 좁은 땅을 지나가 다시 한번 강물을 건너야 한다. 그 물은 더 깊었다. 물은 허리까지 차더니 가슴까지 올라왔고 겨드랑 밑까지 왔다. 물살이 세게 밀었다. 그는 더 이상 걸을 수가 없었다. 넘어지지 않으려면 두 발로 꼼짝하지 않고 서 있는 수밖에 없었다. 한 발짝만 더 움직인다면 물이 머리 위로 넘칠 것이다. 그렇지만 거기서 포기하고 돌아가지는 않을 것이다.

그는 조심스럽게 한 발짝 내디뎠다. 물은 다시 그의 가슴까지 내려왔다. 곧 그는 강둑에 다다랐다. 그는 온몸이 흠뻑 젖었다. 그러나 그는 온 힘을 다해 성경책이 젖지 않도록 보호했다.

윌리엄은 그곳에서 로빈이 양 떼를 지키고 있다는 사실을 발견했다. 양 떼가 강둑에 너무 가까이 가면 로빈은 강과 양 떼 사이로 걸어가면서 양들을 강에서 먼 쪽으로 몰았다.

"착한 로빈, 정말 착해!" 윌리엄이 말했다. 그는 달려가서 두 팔로 개의 목을 끌어안고는 북슬북슬하고 곱슬곱슬한 털을 쓰다듬었다. "네가 틀림없이 양들을 잘 돌보고 있을 거라는 생각을 왜 못했을까? 이제 양들을 데리고 집으로 가자. 이리 와!"

로빈은 양 떼 주위를 돌며 달렸다. 그는 짖으며 양들의 발을 입으로 무는 체하며 앞으로 가게 했다. 이제 오후가 늦은 시간이었다. 해는 저물었고 공기는 차가워졌

성경책을 머리 위로 높이 들었다.

다. 윌리엄은 젖은 옷을 입은 채 온 몸을 떨었다. 그의 입술이 새파래졌다.

집에 오자 윌리엄은 지쳐서 기운이 쭉 빠져버렸다. 알리스 숙모가 보기 전에 성경책을 다시 함에 넣을 수만 있다면! 자신이 아무리 그 책을 읽고 싶다고 해도 그것을 가져가면 안 된다는 사실을 알았다.

알리스 숙모는 문간에서 그를 기다리고 있었다. 그가 왜 이렇게 늦는지 궁금해하고 있었다. 그가 성경책을 어딘가에 숨겨 놓아야 할까? 숙모가 안 보는 틈을 타서 다시 집에 갖다 놓으면 될 것이다.

잠시 윌리엄은 그렇게 해야겠다고 생각했다. 그러다가 그는 입을 굳게 다물었다. 그는 당당하게 문으로 걸어갔다. "여기 성경책 있어요." 그가 말했다. "그걸 읽으려고 가져 갔었어요."

처음으로 알리스 숙모는 너무 놀라서 아무 말도 하지 못했다. 그녀는 다만 윌리엄을 쳐다볼 뿐이었다.

다음 날 아침 윌리엄은 감기가 들고 열이 났다. 감기는 폐렴으로 변했고, 오랫동안 몹시 아팠다. 알리스 숙모는 그를 돌봐주면서 불평을 했다. 그러나 그녀의 목소리는 예전처럼 차갑지 않았다. 때때로 그녀는 열이 나는 그의 이마에 손을 얹어보고, 이불을 잘 덮어주었다.

그러던 어느 날 밤 로버트 삼촌이 그의 방에 들어왔다. "그래, 네가 책을 읽고 싶다고, 윌리엄?" 그가 물었다. "학교에 가서 배우고 싶니?"

윌리엄의 창백한 얼굴에 생기가 돌았다. 그의 눈동자가 빛나기 시작했다. "네. 그랬으면 좋겠어요." 그가 나지막이 속삭였다.

"열심히 공부할 각오가 되어 있니?"

"네."

"그렇다면 네 몸이 낫는 대로, 학교에 데리고 가마."

그러자 윌리엄의 몸은 빨리 나았다!

오스터필드에는 학교가 없었기 때문에, 로버트 삼촌은 윌리엄을 데리고 4.5킬로미터 떨어진 로싱턴으로 갔다. 삼촌이 말을 타고 윌리엄은 그 뒤에 앉아서 갔다. 그는 안장의 뒷부분을 꼭 잡았다. 앞에 앉은 삼촌의 커다란 등에 가려 앞이 안보였으나, 상관없었다. 그는 너무 좋아서 어쩔줄 몰랐다.

그들은 길에서 거지를 만났다. 거지는 누더기를 걸치고 있었다. 애꾸눈처럼 한쪽 눈을 가리고 있었다. 윌리엄은 로빈 후드에 나오는 거지 이야기를 기억했다.

그 이야기에 보면 "눈먼" 거지가 로빈 후드가 오는 것을 제일 먼저 발견했다. "귀머거리" 거지가 제일 먼저 로빈 후드가 오는 소리를 들었고, "벙어리" 거지가 제일 먼저 그에게 인사를 했다. 그들은 사람들로부터 동정심을 사려고 모두 귀머거리, 벙어리, 장님인 체 했다.

"이 거지가 진짜로 한쪽 눈이 아픈 건지, 가짜로 그러는 건지 모르겠어." 윌리엄이 혼자서 말했다. 그러다가 곧 그들은 로싱턴에 도착했고, 윌리엄은 거지에 대해서 잊어버렸다.

윌리엄이 삼촌과 학교에 들어가자 소년들이 모두 그들을 쳐다보았다. 열네 명의 소년들이 있었다. 그들은 기다란 벤치에 다섯 명씩 앉아 있었다. 자리 하나가 비어 있었다. 맨 앞에는 선생님이 사용하는 탁자와 의자가 있었다. 벽은 휑하니 비어 있었다.

"이 아이는 책 읽기를 배우고 싶어 합니다." 로버트 삼촌이 선생님에게 말했다. 선생님 이름은 존슨이었다.

"네가 배우고 싶다고?" 존슨 씨가 말했다. 그는 날카로운 눈빛으로 윌리엄을 쳐다보았다. 존슨 씨는 어깨, 기다란 코, 턱 할 것 없이 전부 다 날카롭게 보였다.

"네." 윌리엄이 대답했다. 교실 안에 있는 아이들 모두 그를 쳐다보았다. 그는 약간 겁이 나서 개미같은 목소리로 대답했다.

로버트 삼촌은 윌리엄을 학교에 남겨두고 떠났다. 윌리엄은 빈자리에 가서 앉았다. 존슨 씨는 손에 혼북을 들고 있었다. 혼북은 작은 나무판에 종이를 붙이고 짐승 뼈를 아주 얇게 저며서 그 위를 덮은 것이다. 종이가 젖거나 찢어지지 않도록 보호하기 위한 것이다. 뼈 아래로 비치는 종이에는 글씨가 쓰여 있었다.

"이걸 읽을 수 있니?" 존슨 씨가 물었다.

윌리엄은 글씨를 보았다. 그는 그 글씨를 읽을 수 있었지만, 무슨 뜻인지 알 수가 없었다. 그것은 이렇게 써 있었다. "압, 엡, 입, 옵, 바, 벱, 비봅, 보빕."

윌리엄은 그 뜻을 조금도 짐작할 수가 없었다. 만일

압 엡 입 옵 바 벱 비봅 보빕 ab eb ib ob ba beb bibob bobib

그 뜻을 모른다면 읽어봐야 무슨 소용이란 말인가? "무슨 뜻인지 모르겠어요." 그가 말했다.

그러자 존슨 씨가 읽기 시작했다. "압, 엡, 입, 옵, 바, 벱, 비봅, 보빕."

윌리엄이 웃었다. 다 큰 어른이 그런 소리를 내는 것이 우스웠다. 그러자 존슨 씨 얼굴이 굳어졌다. 윌리엄은 기쁘기도 해서 웃음이 나왔던 것이다. 그는 그 말의 뜻을 이해하지 못해서 걱정했었는데 존슨 씨가 읽는 소리를 들으니 그것들은 아무 뜻이 없다는 것을 깨달았던 것이다. 그는 읽기를 금방 배울 수 있을 것이라고 확신했다.

"탁!" 윌리엄이 알아차리기도 전에 존슨 씨는 회초리로 세게 그를 때렸다. 존슨 씨는 수업 시간에 항상 겨드랑이에 회초리를 끼고 다녔다. 그리고 그것을 자주 사용했다.

"다시는 나를 보고 웃으면 안 된다는 걸 깨달았겠지!" 존슨 씨가 화가 나서 소리쳤다. "이 학교에서 불손한 태도는 용서 못 해!"

소년들은 킥킥거렸으나 감히 웃는 사람은 없었다. 매

윌리엄은 그 뜻을 조금도 짐작할 수가 없었다.

를 맞을까 봐 두려웠기 때문이다.

"이제 저 구석으로 가서 네 행동을 반성해라." 존슨 씨가 말했다.

윌리엄은 거의 뛰다시피 구석으로 갔다. 다른 소년들이 그의 눈에 맺힌 눈물을 보지 않기를 바랬다. 회초리로 맞은 것은 아무렇지도 않았다. 다만 그는 몹시 배우고 싶었고, 그 마음을 존슨 씨가 알아주기를 원했다. 그러나 이제 이렇게 시작부터 어긋났으니, 혹시 앞으로도 계속 그러면 어쩌나?

윌리엄은 구석에 서 있는 동안 한 가지 결심을 했다. "만일 내가 아들을 낳으면, 내가 직접 가르쳐야겠어." 그가 생각했다. "그리고 나는 어른이 되어도 어린 소년의 심정이 어떻다는 것을 절대로 잊지 않을 테야!"

그때 존슨 씨 목소리가 들렸다. "자 윌리엄, 이제 학교에서 공손하게 행동하겠느냐?"

윌리엄이 돌아보았다. 존슨 씨는 그에게 혼북을 내밀고 있었다.

윌리엄은 열정적으로 그것을 받았다. "압, 엡, 입, 옵" 그가 읽었다. 이번에는 그는 미소를 짓지 않으려고 애를 썼다. "바뱁, 비뵵, 보빕"

그 후 윌리엄은 혼북에 있는 모든 글씨를 다 읽었다. 아랫부분에는 주기도문이 있었다. 윌리엄은 그것도 읽었다. 전에 할아버지와 함께 그것을 여러 번 읽었기 때문에 어렵지 않았다.

"아주 잘했다, 윌리엄. 정말 잘했어." 존슨 씨가 말했다. 그리고 마치 혼잣말을 하듯 이렇게 말했다. "매는 훌륭한 스승이지. 매를 아끼면 아이를 망친다니까."

그 이후 윌리엄은 아침마다 학교까지 4.5킬로미터를 걸어갔다. 그리고 오후마다 4.5킬로미터를 걸어서 집으로 돌아왔다. 학교는 아침 6시에 시작했다. 그래서 윌리엄은 학교에 늦지 않기 위해 날마다 다섯 시 전에 일어났다. 대부분 그는 거의 어두워질 때쯤에야 집으로 돌아왔다.

윌리엄이 저녁때 집에 돌아오면 톰이 놀렸으나, 윌리엄은 개의치 않았다. 그는 학교에 계속 다닐 것이고, 읽기를 배울 것이다. 중요한 건 그것이다. 그는 자신이 벽난로 앞에 앉아 할아버지가 읽어주시는 성경책을 들은 이후로 항상 책 읽기를 배우고 싶어했다. 할아버지 성경책에 쓰여 있는 글과 이야기들이 무슨 말인지 몹시 알고 싶었기 때문이다.
 이제 그는 곧 알게 될 것이다. 곧 할아버지 성경책을 읽을 수 있게 된다.

6
새 친구

 월리엄은 존슨 씨 반에서 그 누구보다 빨리 읽기를 배웠다. 자기보다 2-3년 앞서 배우기 시작한 아이들만큼 잘 읽을 수 있게 되었다.

그뿐 아니라 날마다 먼 거리를 걸은 덕분에 윌리엄은 더 튼튼해졌다. 그는 겨울에도 하루도 거르지 않고 학교에 갔고, 다음 해 봄과 여름까지 다녔다. 존슨 씨 학교는 일요일만 빼고 항상 수업이 있었다. 방학이라고는 크리스마스와 부활절에 1주일씩뿐이었다.

윌리엄은 이제 머시를 돌볼 시간이 별로 없었다. 그러나 머시는 어른 양이 되었기 때문에 혼자서도 잘할 수 있다는 것을 알았다. 머시는 더 이상 아기 양이 아니었다.

윌리엄이 열 살이 되었을 때 사무엘 화이트라는 소년이 학교에 왔다. 그도 열 살이었나 처음으로 학교에 온 것이다.

존슨 씨는 새로 온 소년에게 혼북을 보여주었다. 그는 소리내어 "압, 엡, 입, 옵."을 읽었다. 그리고 샘에게 읽으라고 했다.

샘은 그것을 뒤죽박죽으로 읽었다. "옵, 엡, 압, 입." 그가 말했다.

그의 머리에 회초리가 철썩! 하고 부딪혔다. "도대체 그게 뭐냐?" 존슨 씨가 말했다. "다시 해봐라."

"엡, 옵, 입, 압" 샘이 말했다.

이번에는 두 대를 맞았다. 존슨 씨는 다른 소년을 불러 읽으라고 했다.

정오가 되자 윌리엄은 작은 종잇조각을 집었다. 그리고 알파벳을 모두 적어서 샘에게 가르쳐주었다.

오후 점심시간 후에 존슨 씨가 다시 샘을 지적했다. "사무엘." 그가 말했다. "잘 들어라. 그리고 따라 해 봐……."

사무엘(샘)은 존슨 씨를 기다리지도 않았다. "압, 엡, 입, 옵." 그가 어찌나 빨리 말했던지 "아베비봅."으로 들렸다. "뱁, 비봅, 보빕."

존슨 씨는 회초리를 들고 때리려고 준비를 하고 있다가 천천히 그것을 내려놓았다. "참 잘했어, 사무엘." 그가 말했다. "참 잘했어. 정말 놀랍구나. 계속 그렇게 해라."

그 이후 윌리엄과 사무엘은 절친한 친구가 되었다. 그들은 길에서 기다렸다가 함께 학교에 갔다. 주로 로빈 후드 이야기를 나누었다. 로빈 후드의 이야기는 일화가 매우 많아서 아무리 이야기해도 끝이 없었다.

"로빈 후드와 알란 어데일 이야기 알아?" 윌리엄이 말했다. "알란은 엘렌이라는 소녀와 결혼하고 싶었어. 그런데 어느 늙은 부자도 그 소녀와 결혼하고 싶어했거든. 그래서 로빈 일당이 모두 교회로 가서 기다렸지. 부자와 소녀가 도착하자 로빈이 하프 연주자로 가장하고 나타났어."

"나도 알아." 샘이 거들었다. "그리고 그가 결혼식에서 하프를 연주하면 행복한 결혼이 된다고 말했어. 그리고 나서 그 늙은 부자가 엘렌과 결혼하려고 할 때 로빈 후드가 결혼식을 중단시켰지. 그리고 알란 어데일을 나오라고 불렀어. 그리고 그가 엘렌과 결혼하면 행복한 결혼이 된다고 말했어."

"그들이 결혼했던 교회가 어딘지 알아." 샘이 말했다. "사람들이 밥워스에 있는 교회가 바로 그 교회래. 너도 한번 와서 클리프튼 씨의 설교를 들어봐. 클리프튼 씨는 존슨 씨처럼 항상 뭘 잘못하는 것만 가려내는 분이 아니야. 그가 성경에 대해서 이야기 하면, 마치 성경의 인물이 우리 동네 아주 친한 사람들처럼 느껴져."

윌리엄이 삼촌에게 밥워스의 교회에 가도 되는지 묻자, 로버트 삼촌은 이렇게 말했다. "숙모에게 여쭤봐라."

윌리엄이 알리스 숙모에게 물어보자 그녀는 이렇게 말했다. "그게 말이나 되니? 밥워스는 자그마치 12킬로미터 반이나 떨어져 있는데."

"걸어가면 돼요." 윌리엄이 말했다.

"안 된다." 알리스 숙모가 말했다. 그녀는 절대로 안 된다는 표시로 늘 하던 대로 아랫입술을 물었다. 그녀가 그렇게 하면 거의 항상 안되는 것이다. "게다가……." 그녀가 계속했다. "나도 그 클리프튼에 대해서 들었어. 그는 청교도야. 우리 영국 국교회가 못마땅한가 보지. 다른 사람들은 국교회가 다 괜찮다고 하는데 말이야. 엘리자베스 여왕이 괜찮다고 하면 괜찮은 거지, 안 그러냐? 하지만 그는 국교회를 바꾸어야 한다고 말한다더라. 안 된다, 윌리엄. 이제까지 그랬던 것처럼 넌 우리와 함께 성 헬레나 교회에 가야 해."

다음 일요일 교회가 끝난 뒤 알리스 숙모는 갑자기 톰이 원하건 말건 그가 학교에 가야 된다고 선언했다. "이제 네 머리통에도 쓸만한 것을 집어넣을 때가 되었어." 그녀가 말했다. "존슨 씨가 나보다는 널 더 잘 가르치시겠지."

톰은 마룻바닥의 골풀을 발로 차며 절대로 가지 않겠다고 말했으나, 결국은 가게 되었다.

다음 날 아침, 그가 어찌나 느릿느릿 걸었던지 윌리

엄은 계속해서 "빨리 가. 그렇지 않으면 학교에 늦어."라고 말해야 했다.

"상관없어." 톰이 말했다. "학교에 못 가도 되니까."

"그럼 혼자서 찾아와." 윌리엄이 말했다. "난 먼저 갈 테니까."

"나를 안 데리고 갔다고 엄마에게 일러바칠 테야." 톰이 말했다.

"이르려면 가서 일러바쳐." 윌리엄이 말했다. "난 갈 거야."

물론 톰은 그의 뒤를 따라 달려왔다. 그는 감히 집에 돌아갈 수가 없었다.

그들은 존슨 씨가 종을 치기 직전에 학교에 도착했다. 톰은 빈자리에 가서 앉았고, 기나긴 하루가 시작되었다.

수업 도중 존슨 씨가 교실에서 잠깐 나간 사이에 학생들은 공책에 글씨를 쓰고 있었다. 선생님이 없는 동안 아무도 말을 하거나 속삭이지 않았다. 존슨 씨는 으레 교실 문 앞에 잠시 서서 엿들었다. 그리고 누가 속삭이기라도 하면 무섭게 달려 들어왔다.

월리엄은 정신없이 글씨를 쓰고 있다가 누군가 자기를 쳐다보는 것을 느꼈다. 티모시 스몰은 새로 온 학생이었는데, 자기의 거위 깃털 펜을 들고 있었다. 그는 자기 펜을 가리키고 나서 잉크 통을 가리켰다. 존슨 씨는 학생들이 필요한 것을 잊고 안 가져오면 매우 엄하게 벌을 주었다.

  티모시는 몸집이 작고 겁이 많은 소년이었다. 그는 어찌할 바를 모르고 있었다. 단지 무서워서 마치 아기 양처럼 얼굴이 하얗게 질린 채, 눈을 크게 뜨고 윌리엄을 쳐다볼 뿐이었다. 윌리엄은 그가 불쌍하게 느껴졌다.

  윌리엄은 자신의 잉크 통을 집어서 티모시의 통에 반을 따라주었다. 존슨 씨가 어느 순간에 다시 교실에 들어올지 알 수 없었다. 그래서 서두르다가, 그리고 티모시가 무서워서 손을 떠는 바람에, 그만 잉크를 쏟아버리고 말았다. 낡은 벤치 위에 커다란 잉크 자국이 생겼다. 윌리엄은 공책의 한 면으로 그 자국을 문질렀으나, 잉크 자국은 더 크게 번질 뿐이었다.

  그때 문에서 소리가 났다. 그는 계속해서 글씨를 썼다.

존슨 씨는 교실 앞에 있는 강단에 올라갔다. 그는 한 사람씩 천천히 쳐다보았다. "사무엘 화이트! 똑바로 앉아! 바로 앉지 않으면 글씨도 삐뚤삐뚤해지니까! 입은 다물어라! 마치 금붕어같이 그게 뭐냐? 너희 모두 공책을 옆으로 치우고 책을 들어라."

존슨 씨는 그의 책을 들고 윌리엄에게서 가장 먼 벤치 쪽으로 갔다. 그는 항상 교실을 위아래로 서성거리며 조금이라도 잘못된 것이 있는지 날카롭게 관찰했다. 만일 그가 윌리엄의 벤치로 와서 잉크 자국을 보게 되면 큰일이었다.

그는 앞뒤로 서성대며 이 벤치에서 저 벤치로 걸어갔다. 하지만 아직 윌리엄의 반대쪽에 있었다. 곧 점심시간이 될 텐데 어쩌면 그가 잉크 자국을 아예 못 볼지도 모르겠다.

존슨 씨가 윌리엄의 책상 쪽으로 걸어왔다. 이제 수업이 끝났다는 뜻인가? 하지만 그게 아니었다. 그는 몸을 돌리더니 곧장 윌리엄을 향해서 걸어왔다. 그의 날카로운 시선이 가장 먼저 발견한 것은 바로 그 잉크 자국이었다!

"누가 그랬지?" 그가 소리쳤다. "누가 학교 재산을 더럽힌 거냐?" 날카로운 그의 턱이 분노로 떨렸다. 그는 티모시 스몰을 쳐다보았고, 티모시는 자리에서 움츠러들었다. "네가 그랬나?"

윌리엄이 벌떡 일어났다. 그는 생각할 새도 없이 말했다. "제가 그랬습니다. 제 잘못입니다."

윌리엄은 회초리로 흠씬 두들겨 맞았다. 그러나 왜 그런지 알 수는 없었지만, 생각만큼 그렇게 아프지는 않았다. 존슨 씨가 평소보다 살살 때린 것일까? 아니면 윌리엄의 마음속에 따뜻한 느낌 때문일까? 그것은 스스로 매를 맞음으로 가엾은 티모시 스몰을 구할 수 있었기 때문이다.

점심시간이 되어 학교 마당에 나가자 티모시가 사과 한 개를 들고 그에게 다가왔다. "이것 받아." 그가 말했다. "난 배 안 고파."

윌리엄은 자기도 배고프지 않다고 말하려고 했다. 그러나 티모시가 너무도 그것을 주고 싶어한다는 것을 깨달았다. 티모시는 그에게 은혜를 갚고 싶었던 것이다.

"고마워, 티모시." 그가 말했다.

그 이후 소년들은 다툼이 일어나면 윌리엄에게 와서 잘잘못을 가려달라고 부탁하게 되었다. 그들은 윌리엄을 신뢰했다. 게임을 할 때면 서로 윌리엄의 편에 들어가려고 했다. 학교에서 집으로 갈 때면 항상 몇몇 소년들이 그와 함께 걸어가고 싶어했다.

윌리엄이 소년들 사이에서 인기를 얻자 톰은 샘이 났다. 그러나 어찌할 방법이 없었다. 오직 기다리고 있다가 윌리엄을 곤경에 빠트릴만한 기회를 엿보는 수밖에.

7
로빈 후드가 살던 숲

"셔우드 숲에 가자!" 윌리엄이 말했다. 그는 학교가 파한 뒤 샘 화이트와 함께 집으로 가고 있었다. 그 따스한 봄날은 윌리엄의 마음에 모험심을 불러일으키기 딱 좋을 만한 날이었다.

"언제 갈 수 있을까?" 샘이 물었다. "일요일만 빼고는 항상 학교에 가야 하잖아."

"그럼 일요일에 가지 뭐." 윌리엄이 말했다. "교회가 끝난 뒤에 가자."

"그럼 그날은 밥워스에 있는 클리프튼 씨 교회에 같이 가자." 샘이 말했다. "셔우드에 가는 중간에 있으니까."

"언제 가면 돼?" 윌리엄이 물었다. 그는 알리스 숙모가 허락해주지 않을까 봐 염려가 되었으나 이제 열두 살이 되었으니 그전과는 뭔가 달라져야 한다고 생각했다.

"먼저 내가 사는 보트리로 와." 샘이 말했다. "일곱 시에 보트리 시장에서 만나. 내가 빵과 치즈를 가져올게."

"그럼 난 사과를 가져갈게." 윌리엄이 말했다. "내 사촌 톰이 모르게 해야 해. 그렇지 않으면 톰이 알리스 숙모에게 일러바칠 테고, 그러면 끝장이야."

그 주 토요일 오후 학교가 파할 때 샘이 말했다. "내일 보자, 윌리엄."

톰은 수상쩍은 낌새를 감지했다. "내일은 일요일이야. 그런데 어딜 가려구?" 톰이 물었다.

"아, 샘은 내일이 일요일이란 걸 깜빡 잊었나 봐." 윌리엄이 말했다.

그러나 때는 늦었다. 샘이 이미 이렇게 말해버렸던 것

이다. "넌 끼어들지 마!"

집으로 돌아가는 길 내내 톰은 무슨 일인지를 캐물었다. 마침내 두 사람이 마당에 들어섰을 때 톰이 말했다. "나를 데려가지 않으면 엄마께 일러바칠 테야. 그럼 넌 갈 수 없을걸?"

"좋아. 아침 여섯 시 반에 출발할 거야." 윌리엄이 한숨을 쉬며 말했다. "출발하고 나서 어디 가는지 말해줄 테니 그런 줄 알아. 하지만 아주 많이 걸어야 해. 넌 반쯤만 가도 지쳐버릴 거야. 그러니까 아무 말 말고 집에 있는 편이 나아."

사실 톰은 너무 뚱뚱해서 걷는 것을 싫어했다. 그러나 빠지고 싶지도 않았다. 다음 날 아침 그는 여섯 시 반에 일어나 윌리엄을 따라 헛간으로 갔다. 윌리엄은 헛간 뒤에 있는 길을 따라 보트리로 가는 길을 향해서 걸었다.

상쾌한 봄날 아침이었다. 햇빛은 초록 평원 위를 따스하게 내리쬐었다. 햇빛을 받은 나뭇잎이 초록색이면서도 황금색으로 보였다. 일요일이면 늘 그렇듯 온 사방이 조용했다. 그때 뻐꾸기가 나무 호루라기 같은 소리를 내었으나 모습은 보이지 않았다.

두 소년이 보트리에 도착하자 샘 화이트가 자갈길로 포장된 시장길을 달려와서 그들을 맞아주었다. "톰은 왜 데려왔어?"

윌리엄이 어깨를 으쓱했다. "오고 싶다고 해서. 데리고 오지 않으면 나도 올 수가 없었어. 얼른 떠나자." 그가 말했다. "밥워스까지는 아직도 멀었으니까.

소년들은 곧 큰길을 벗어나 좁은 오솔길로 들어섰다. 그들은 키가 큰 나무들이 빽빽한 숲 가장자리를 따라 좁다란 길을 따라 달렸다. 샘은 그 길이 밥워스로 가는 지름길이라고 했다. 그러나 몇 분 안 되어 톰이 천천히 가자고 졸랐다. 그들이 너무 빨리 가서 자기는 지쳤다고 말했다.

"천천히 가자구?" 샘 화이트가 말했다. "이미 이렇게 천천히 가는데? 그렇지 않으면 늦는다구! 우리를 못 따라올 거면, 뭐하러 여기까지 왔어?"

그들이 밥워스에 도착했을 때 톰은 절룩거리며 투덜거렸다. 그러나 그는 열심히 따라왔다. 자기 혼자 남겨두고 갈까 봐 겁이 났던 것이다.

회색 돌로 된 작은 밥워스 교회는 숲 한가운데 언덕배기에 자리 잡고 있었다. 지금까지 윌리엄이 본 교회는 모두 주변에 집들이 많은 큰길가에 있었다. 그는 숲 속에 있는 교회는 처음 보았다.

　어쩐지 그 교회는 로빈 후드의 교회처럼 보였다. 로빈과 알란 어데일의 일화에 나오는 바로 그런 돌담이 있었다. 그리고 교회의 창문에서는 초록 망토를 걸친 로빈 후드가 불쑥 뛰어나올 것만 같았다.

　그러나 클리프튼 씨가 설교를 시작하자 윌리엄은 로빈 후드에 대해서는 완전히 잊어버렸다. 그는 마치 리차드 클리프튼이란 사람을 어릴 때부터 알았던 것 같이 느껴졌다. 분홍빛 얼굴, 회색빛 수염, 따스한 음성은 그의 할아버지를 생각나게 했다. 클리프튼 씨가 성경에 관해서 이야기를 하자, 샘의 말대로 성경의 인물들이 마치 살아서 움직이는 것 같았다. 그가 기도를 하니 높은 천장 위에서 하나님께서 듣고 계신 듯 했다.

　예배가 끝난 뒤 어떤 남자가 교회 문에서 소년들에게 말을 걸었다. 윌리엄의 아버지가 살아계셨더라면 그와 비슷한 나이였을 것이다. 윌리엄은 보자마자 그 남자가

그들이 밥워스에 도착했다.

좋았다. 부드러운 갈색 눈빛에 입가에는 친절한 미소를 머금은 채 당당하게 머리를 들고 있었다.

"얘들아, 안녕?" 그가 말했다. 그는 윌리엄의 어깨에 손을 얹었다. "반갑다, 얘야. 다음에도 또 오기를 바란다."

"저분이 누구야?" 윌리엄이 교회를 나가면서 물었다.

"윌리엄 브루스터 씨야." 샘이 말했다. "스크루비에 사셔. 우리가 그쪽으로 지나갈 거야. 그는 여왕의 우정국장이고 대주교 장원의 관리인이야."

윌리엄은 고개를 돌려서 그 중요한 인물을 다시 한번 바라보았다.

그리고 세 명의 소년은 교회 마당을 지나 조용한 숲 속으로 들어갔다. 교회 창문으로 들이비추던 햇빛이 숲 속을 들이비추었다. 그러나 그곳은 어둡고 축축했다.

윌리엄은 달리기 시작했다. 마음속에 가득 넘치는 기쁨 때문에 달리지 않을 수가 없었다.

"가자!" 그가 불렀다. "셔우드 숲으로 가자. 샘, 넌 리틀 존이야. 톰, 넌 터크 수도사야." 큰 나무통처럼 둥글둥글한 톰에게는 그 역할이 안성맞춤이었다.

윌리엄은 이제 로빈 후드가 되어 나무 사이에 난 오솔길을 달려가고 있었다. "얼른 와! 맛나고 살찐 사슴을 잡아 저녁을 먹자." 그가 불렀다. "만일 노팅햄의 주장관이 우리를 붙잡으면, 우리는 그를 말에다 거꾸로 묶어서 집으로 보내는 거야."

　잠시 소년들은 앞뒤로 정신없이 달렸다. 그들은 사슴을 잡고 주장관을 체포하는 시늉을 했다. 마침내 그들은 배가 고파서 가져온 도시락을 먹었다. 그리고 다시 일어나서 이번에는 숲 속을 이리저리 헤치며 달리는 대신 곧장 걸어갔다. "이러다가 언제 집에 도착할 수 있을까?" 샘이 물었다. 윌리엄은 샘이 자신을 지도자로 생각한다는 것을 알았다. 실은 윌리엄도 약간 겁이 났다. 그러나 그런 모습을 보여서는 안 된다고 느꼈다. 만일 소년들이 자신을 지도자로 의지하고 있다면, 유능한 지도자가 되어야 한다.

　"걱정하지 마. 곧 집에 가는 길이 나올 테니까." 그가 말했다. "봐! 저기 갈림길이 있다. 가 보자!" 그가 다

당시 영국에서는 왕과 귀족이 아닌 사람들은 사냥이 금지되어 있었다.

시 달리기 시작했다.

 그러나 갈림길에는 아무런 이정표가 없었다.

 "어느 쪽으로 가야 할 것 같아?" 샘이 물었다.

 윌리엄은 해를 올려다보았다. 그는 지금까지 남쪽으로 걸어왔다는 사실을 알고 있었다. 조금 더 가면 올러튼이 나오고 셔우드 숲은 올러튼에서 시작해서 북쪽으로 워크숍까지 뻗어 있었다. 어둡기 전에 집에 도착하려면 곧 셔우드 숲에 도착해야만 한다.

 "여기서 곧장 가면, 몇 분 후에 셔우드 숲에 도착할 수 있어." 윌리엄이 이렇게 판단을 내렸다.

 "난 안 갈 테야." 톰 브래드포드가 말했다. "만일 숲 속에서 길을 잃으면 영영 집을 못 찾을 테니까." 그는 겁이 났다. 이 말을 할 때 그의 얼굴은 마치 마른 자두처럼 쭈글쭈글해졌다.

 "톰, 우리와 함께 집을 찾아가는 게 더 나아." 윌리엄이 말했다. "너 혼자서 헤매는 것보다는 우리와 함께 있는 편이 더 안전할 거야."

 잠시 후 윌리엄이 말한 대로 그들은 셔우드 숲에 도착했다. 그들의 눈앞에 커다란 나무가 마치 거대한 기둥처럼 서 있었다. 숲은 컴컴해 보였다. 그들은 어찌할 바를 모르고 그곳에 서 있었다.

"얘들아, 가자." 윌리엄이 소리쳤다. "숲 속으로 가는 거야. 주장관이 감히 우리를 따라오지 못할 거야!" 그리고 그들은 숲으로 들어갔다.

숲으로 들어가면 갈수록 더 컴컴해졌다. 어떤 나무들은 그들 세 명이 손을 잡아도 둥치를 둘러안을 수 없을 만큼 컸다.

그들은 이제 서로서로 바짝 붙어서 걸어갔다. 그들이 가장 큰 나무 옆을 지나갈 때, 키가 크고 비쩍 마르고 누더기를 걸친 남자가 불쑥 나타났다. 그는 허수아비같이 길쭉한 팔을 그들에게 쳐들었다. 소년들은 별안간 나타난 남자를 보고 놀라서 멈추었다.

"잠깐만, 젊은 신사들, 괜찮으시다면." 그가 말했다. "이 늙은 군인에게 먹을 것을 좀 나누어주지 않으려는가?"

윌리엄은 그가 가리고 있던 애꾸눈 가리개를 이마 위로 들어 올린 것을 알아차렸다. 그 남자는 학교에 가던 첫날 길에서 보았던 거지였는데, 사실은 애꾸눈이 아니었던 것이다!

　윌리엄은 셀 수 없이 많은 사람들. 남자, 여자, 아이들 할 것 없이, 집도 없고 일자리도 없다는 사실을 알았다. 그들은 이 마을에서 저 마을로 떠돌아다니며 처벌을 받지 않으려고 숲이나 들에 숨어 산다.

　"우리는 작은 치즈 한 조각과 사과 두 개밖에 없어요." 윌리엄이 말했다. 그는 사과를 건네주었고, 샘은 치즈를 건네주었다.

　그 남자는 치즈 덩이를 한입에 넣어 버렸다. 그가 치즈를 씹자 그의 턱 근육이 마치 달걀처럼 불거져 나왔다. "아, 너희들, 참 착하구나."

　윌리엄이 뒤로 한 발짝 물러섰다.

　"서둘러 갈 것 없어. 천천히 가라구. 내가 사는 곳에 앉았다 가지. 아직 완성된 것은 아니지만, 앉을 자리는 많으니까." 그는 말라빠진, 기다란 팔을 흔들며 숲 속으로 걸어갔다.

　"우리는 집에 가야 해요." 윌리엄이 말했다.

　그 남자는 턱 근육이 뻣뻣해지면서, 이빨을 꼭 문 채 말했다. "아직은 안 돼. 내가 아직 볼일이 남았거든. 너

"잠깐만, 젊은 신사들, 괜찮으시다면."

희가 입은 그 근사한 윗도리를 벗어줘야겠어. 그걸 벗어놓으면 보내주지."

"하지만 우리는 갈 길이 멀어요." 윌리엄이 말했다. "그리고 해가 지면 추워질 거예요."

"그래? 그것참 안 됐구나." 그 남자가 가늘고도 상냥한 목소리로 말했다.

갑자기 그는 기다란 팔로 윌리엄을 붙잡고는 다른 팔로는 주머니에서 칼을 꺼냈다. 그는 그 칼을 윌리엄의 목에 갖다 대었다. "윗도리를 벗어주지 않는다면, 이 추위에 덜덜 떨게 만들어주지. 당장 벗어!"

소년들은 덜덜 떨리는 손으로 윗도리를 벗었다. 그리고 그 남자 앞에 내려놓았다. 그들은 돌아서서 전속력으로 달렸다. 숲 속을 빠져나갈 때까지 쉬지 않고 달려, 무사히 밥워스로 가는 길에 들어섰다.

8
스크루비의 브루스터

물론 윌리엄은 밥워스와 셔우드에 간 것 때문에 매를 맞았다. 로버트 삼촌은 톰도 벌을 받아야 한다고 말했다. 두 소년은 멀고 먼 길을 걸어서 집에 온 터라 몹시 지쳐 있었고, 그래서인지 앨리스 숙모는 심하게 매를 때릴 마음이 없었던 것 같았다.

"이제 매를 맞았으니 두 번 다시 그곳에 가지는 않겠지?" 앨리스 숙모가 말했다.

그러나 윌리엄의 생각은 달랐다.

밥워스에는 윌리엄의 마음을 끄는 무엇이 있었다. 클리프튼 씨와 브루스터 씨는 그가 좋아하는 그런 타입의 사람들이었다. 그들은 케임브리지 대학을 나온 학자들이었다. 그들의 세계는 윌리엄이 알고 있는 세계보다 더 크고 더 멋있는 것 같았다. 어쩐지 그들과 함께 있으면 그가 잃어버린 어머니, 아버지, 그리고 할아버지의 자리가 메꾸어지는 것 같았다.

다음번 일요일이 되자 그는 또다시 밥워스에 갔고, 또다시 매를 맞았다. 그 다음번 일요일에도 또 갔고, 또 매를 맞았다. 그러나 윌리엄은 알리스 숙모가 자신에게 벌주는 것을 로버트 삼촌이 반대한다는 점을 느낄 수 있었다. 윌리엄이 네 번째 밥워스에 다녀왔을 때는 삼촌도 숙모도 아무 말이 없었다. 그들은 마치 윌리엄에게 아무 일도 없었다는 듯이 행동했다.

그 이후로도 윌리엄은 꾸준히 밥워스에 갔고, 아무런 벌도 받지 않았다. 일요일이면 날씨에 아랑곳없이 숲 속에 있는, 돌로 지은 작은 교회로 갔다. 심지어 겨울이 되었으나 그는 춥고 눈 덮인 길을 걸어서 갔다.

이듬해 이른 봄, 1603년 3월 25일이었다. 어느 날 윌리엄과 샘은 학교에서 집으로 돌아오고 있었다. 어떤 사람이 말을 타고 먼지를 일으키며 그들을 지나 북쪽으로 달려가고 있었다. 길이 너무 좁아서 샘과 윌리엄은 말을 피하느라 껑충 뛰다가 길옆의 도랑으로 빠져 버렸다.

그들이 말 탄 사람의 뒤를 바라보자, 말이 휘청거렸다. 그러다가 말이 무릎을 꿇었다. 말 탄 사람은 비틀비틀하더니 말 머리 앞으로 거꾸러지려다 가까스로 다시 일어났다.

"톰, 가서 저 사람을 도와주자!" 윌리엄이 소리쳤다.

그들이 다가가자, 말 탄 사람은 말 옆에 무릎을 꿇고 앉아 있었다. 그는 윌리엄을 쳐다보았다. "어디 가면 좋은 대장간이 있는지 아니?" 그가 물었다. "말발굽이 떨어져 나갔어. 난 중요한 전갈을 들고 스코틀랜드로 가야 하는데 말이지. 얼른 서둘러야 해."

샘과 윌리엄은 그 말탄 사람을 이끌고 로싱턴으로 돌아갔다.

"런던에서부터 여기까지 오셨나요?" 윌리엄이 물었다. 런던은 그곳에서 250킬로미터 떨어져 있었는데,

월리엄에게는 그곳이 마치 이 세상의 끝처럼 느껴졌다. 월리엄은 생전 런던을 보지 못할 거라고 생각했다.

"그럼. 런던에서 왔지." 그가 말했다. "여왕의 궁전에서 말이다. 아니 이제는 여왕의 궁전이 아니지."

"네?" 월리엄이 물었다. "그게 무슨 뜻이에요?"

"여왕 폐하께서 돌아가셨어. 바로 그거야. 그래서 난 지금 그 슬픈 소식을 가지고 스코틀랜드로 가는 길이야. 그 소식을 들으면 기뻐할 사람이 한 사람 있거든."

"누군데요?" 샘이 물었다.

"스코틀랜드의 제임스 왕 폐하지." 그 사람이 말했다. "그가 이제 우리의 왕이 될 거야. 그가 곧 이곳을 지나 런던으로 가서 왕관을 쓰게 되지."

왕이 이곳으로 온다! 이 근방에서 일어나는 사건 중 그보다 더 위대한 사건이 또 있었을까? 월리엄은 쉬지 않고 달리다시피 해서 집으로 갔다. 로버트 삼촌에게 이 놀라운 소식을 전해야겠다.

그날 이후 모든 사람들이 왕에 대해서만 이야기했다. 월리엄은 그 왕을 봐야겠다고 결심했다. 그러나 어떻게 그럴 수 있을까? 왕이 어느 길로 오는지 어떻게 안단 말인가? 누구에게 물어봐야 하나?

윌리엄 브루스터. 그를 찾아가야 한다! 브루스터 씨는 스크루비에 있는 그의 집으로 오라고 늘 초청했었다. 하지만 윌리엄은 아직 한 번도 가지 않았다. 스크루비는 오스터필드에서 남쪽으로 노팅햄을 지나서 5킬로미터만 가면 된다. 그러나 윌리엄은 앨리스 숙모에게 야단을 맞을까 봐 가지 않았다.

그러나 이제 그는 가야 한다. 하지만 언제 갈 수 있단 말인가? 일요일만 빼고는 학교에 가야 한다. 그리고 일요일이면 항상 밥워스에 갔다. 마침내 그는 밥워스에 가는 길에 스크루비에 들르기로 했다. 그러면 혹시 브루스터 가족과 함께 교회에 갈 수도 있을 것이다.

4월의 어느 화창한 아침 그는 스크루비를 향해 떠났다. 강가에는 브래드포드 집안의 양 떼가 밝은 초록빛 들판에서 풀을 뜯고 있는 모습이 보였다. 그것은 로버트 삼촌과 자신의 양 떼였다. 때때로 이른 아침 그는 머시를 보러 양 우리로 가곤 했다. 머시는 매년 새끼 양을 낳았는데, 때때로 쌍둥이를 낳았다. 머시의 새끼들이 또 새끼를 낳았다. 머시가 낳은 새끼들만 해도 열여섯 마리나 되었다. 언젠가 윌리엄이 학교를 마치면 그는 농부가 되어 자신의 양 떼를 돌보고 땅을 경작할 것이다.

아니, 진짜로 그렇게 될까? 그는 한동안 다른 생각을 해왔다. 케임브리지 대학에 가서 목사가 되는 꿈을 꾸었다. 로빈 후드 식으로 사람들을 도와주는 것도 좋지만, 목사가 되어 사람들을 도와주는 것은 더 좋을 것 같다.

윌리엄은 그런 생각을 하며 보트리에서 그레이트노스 로드로 들어서서, 그 길을 따라 스크루비를 향했다. 그는 스크루비에서 브루스터 씨의 장원을 못 찾으면 어쩌나 염려가 되기도 했다.

그러나 가보니 전혀 염려할 필요가 없는 일이었다. 스크루비는 작은 마을이었고, 장원은 그 마을에서 제일 큰 곳이었다.

윌리엄의 눈에 제일 먼저 들어온 것은 들어 올리는 다리였다. 다리 끝에는 탑과 정문이 있었다. 다리가 내려져 있었으므로, 윌리엄은 걸어서 다리를 건너갔다. 정문으로 들어가니 커다란 뜰이 있었다.

그 뜰이 어찌나 컸던지, 그는 어느 쪽으로 가야 할 지 몰랐다. 헛간들, 마구간들, 그리고 비둘기 집에는 새들이 작은 구멍으로 들락날락하고 있었다. 곡식을 저장하는 창고들과 대장간. 그리고 사냥개들을 가두어놓은 우리에는 늙은 개 한 마리만 집을 지키고 있었다. 그 개는 기분이 좋아 껑충껑충 뛰며 짖어댔다.

월리엄이 계속 걸어가자 또 다른 문이 나타났고, 그 문으로 들어가니 또 다른 뜰이 있었다. 그곳에는 건물들이 더 많이 있었다. 그는 그 건물들이 무엇인지 짐작해 보았다. 요리하는 집, 빵 굽는 집, 그리고 작은 교회도 있었다. 그 건물들 너머로 과일나무들이 줄지어 서 있었다. 그리고 작은 연못에는 햇빛에 반짝이는 물속에 살이 오른 물고기들이 느릿느릿 헤엄을 치고 있었다.

자갈로 포장된 뜰 한가운데 서 있던 월리엄은 자신이 매우 작게 느껴졌다. 그는 주변을 두리번거리며 다시 문쪽으로 걸어갔다.

"윌리엄! 윌리엄 브래드포드!" 브루스터 씨가 큰 뜰을 가로질러 걸어오며 그를 불렀다. "스크루비 장원에 온 것을 환영한다!" 그가 말했다. "네가 오기를 오랫동안 기다렸어. 들어와서 함께 아침을 먹자. 그리고 교회 가기 전에 장원을 구경시켜주마. 조나단이 너를 보면 좋아할 거다."

조나단 브루스터는 윌리엄보다 세 살 아래였다.

브루스터 씨와 윌리엄은 집 안으로 들어갔다. 그 방은 오스터필드의 집 한 채보다 더 큰 방이었다. 한쪽 면에는 아주 큰 벽난로가 있었다. 벽난로 위에는 칼과 무기들이 걸려 있었다. 브루스터 부인은 방 한가운데 있는 식탁에 앉아 있었다. 그 한쪽 옆에는 조나단이, 다른 쪽 옆에는 세 살배기 딸 페이션스가 앉아 있었다.

"누가 왔는지 봐라." 브루스터 씨가 가족들에게 말했다. "오스터필드에서 온 윌리엄 브래드포드야. 윌리엄, 앉아서 우리와 함께 식사하자."

"윌리엄, 네가 와서 기쁘다." 브루스터 부인이 말했다.

윌리엄은 브루스터 가족이 모두 상냥하고 친절하게 말한다는 것을 알았다. 그는 마치 자기 집에 온 것처럼 느껴졌다. 알리스 숙모의 집보다 그곳이 더 편안했다. 그는 배고프지 않았으나, 아침을 많이 먹었다. 고기를 썰어 넣은 되직한 콩죽, 우유, 빵, 그리고 훈제한 고기를 약간 먹었다.

아침 식사가 끝나자 브루스터 씨가 말했다. "우편용 말을 보여 줄까? 교회 가기 전에 약간 시간이 있으니까. 자, 마구간으로 가자."

윌리엄은 브루스터 씨를 따라 바깥 뜰로 가서 마구간으로 갔다. 그 안은 어두워서 눈동자가 적응될 때까지 잠시 기다려야 했다. 말들이 벽에다 몸을 문지르고 꼬리를 휘둘러대는 소리가 들렸다.

"여기 있는 말들 중 일부는 여왕의, 아니 왕의 전갈을 전달하는 우편 말이란다." 브루스터 씨가 설명했다. "여왕께서 돌아가신 후에 여러 명의 우편기사들이 이 말들을 타고 달렸지. 로버트 캐리 경이 3월 25일에 처음으로 그 소식을 전달하려고 이곳을 지나간 이후로 많은 우편기사들이 지나갔단다."

"그렇다면 제가 만난 우편기사가 바로 그분이로군요!" 윌리엄이 말했다. "그분이 로싱턴에 가서 말발굽을 갈았어요. 브루스터 씨, 국왕이 런던으로 가실 때 만날 수 있을까요?"

"그럼. 실은 국왕이 이 지역을 지나가실 때 나도 나오라고 노팅햄 주장관이 부탁했거든."

노팅햄의 주장관이라는 말에 윌리엄은 로빈 후드를 생각했다. 그리고 그가 샘과 톰과 셔우드 숲을 지나갈 때 겪었던 불상사도 기억이 났다.

"국왕이 이곳에 오시나요? 이 장원에?" 윌리엄이 물었다.

"그렇지는 않을 것 같다. 국왕이 만일 내가 누군지 알면 곤란해지거든. 과거에 모셨던 나의 주인이 바로 메리 스튜어트의 사형을 집행했던 분이었거든. 그리고 메리 스튜어트는 제임스 왕의 어머니고. 무슨 말인지 알겠니?"

"사형집행을 보셨나요?" 윌리엄이 물었다.

브루스터 씨가 살짝 미소를 지었다. "아니, 윌리엄. 보지는 못했어." 그가 말했다.

그리고 브루스터 씨는 그가 아주 젊었을 때 어떻게 윌리엄 데이비슨 경의 비서가 되었는지 설명해주었다. 윌리엄 데이비슨은 여왕의 국무장관이었다.

"처음에는 모든 일이 잘 돌아갔지." 브루스터 씨가 말했다. 데이비슨 경은 여왕의 업무차 홀랜드에 갈 때 나를 데리고 갔단다."

"저도 홀랜드를 보고 싶어요." 윌리엄이 말했다.

"언젠가 볼 수 있을 거야. 누가 알겠니?"

"그런데 스코틀랜드 여왕은 왜 사형을 당했나요?" 윌리엄이 물었다.

"우리가 홀랜드에서 돌아왔을 때였어. 그때 데이비슨 경은 아주 지지를 많이 받고 있었지. 그는 홀랜드에 가서 여왕의 분부를 수행했고, 여왕도 그것을 고맙게 생각했어.

그러다가 말썽이 일어났지. 스코틀랜드의 메리 여왕이 엘리자베스 여왕에게 음모를 꾸미고 있다는 것이 알려졌어. 나라 전체가 위기에 놓였단다. 하지만 메리는 엘리자베스의 사촌이었어. 의회에서는 엘리자베스에게 메리를 사형시키라고 했지만, 엘리자베스는 그러고 싶지 않았어.

그러나 마침내 그녀는 의회의 결정을 따르기로 했어. 그녀는 데이비슨 경에게 서류를 건네주며 그 일을 알아서 처리하라고 명령했어. 그리고 더 이상 그 문제로 괴롭히지 말라고.

　그런데 사형이 집행되고 나자, 엘리자베스 여왕은 메리의 사형은 데이비슨 경의 잘못이라고 비난했어. 그녀는 위대한 여왕이었지만, 항상 공정하게 행동한 것은 아니었지. 그녀는 데이비슨 경을 런던 탑에 가두고, 직위를 박탈해버렸어. 재산도 거의 다 빼앗았지."

　"브루스터 씨도 런던 탑에 갇혔어요?" 윌리엄이 물었다. 그는 놀라서 입을 떡 벌렸다. 런던 탑은 일단 들어가면 고문과 사형을 당하는, 대단히 무서운 곳임을 모르는 사람이 없었다. "무섭지 않으셨어요?"

　"런던 탑은 그렇게 무서운 곳은 아니란다." 윌리엄 브루스터가 말했다. "성벽 위로 산책을 할 수도 있어. 그러면 큰 까마귀들이 와서 먹이를 달라고 조르고, 템즈 강 아래로 지나가는 배들도 볼 수 있지. 런던 다리를 건너가는 사람들도 보이고."

　"여왕을 직접 보셨나요?" 윌리엄이 궁금해했다.

　"그럼. 여러 번. 아, 이제 교회 가야 할 시간이구나. 하인들이 말을 꺼내고 있어. 네 말이 어느 것인지 보여주마. 조나단을 네 뒤에 태워 가거라."

밥워스까지 가는 길 내내 윌리엄은 브루스터 씨가 과거에 살았던 위대한 세계에 대해서 상상을 했다. 교회에 가서도 그는 클리프튼 씨의 설교를 거의 들을 수가 없었다. 이제 그는 영국에서 가장 위대한 사람들, 그중에서도 제일 위대한 여왕과 함께 일했던 사람 옆에 앉아 있었던 것이다.
이제 윌리엄은 적어도 새로 왕이 될 사람을 볼 것이다. 어떻게든 보고야 말 것이다!

9
왕이다!

 4월 19일 밤이었다. 새 왕은 덩카스터에서 하룻밤을 묵었다. 다음 날 그는 보트리와 스크루비를 통과할 것이다. 노팅햄과 보트리 경계지역에는 주장관과 브루스터 씨, 그리고 여러 명이 그를 맞이하러 나와 있었다.

그러나 윌리엄은 그곳에 가지 않기로 했다. 많은 사람들이 거기서 기다리고 있으므로, 어린 소년이 왕을 만나보기는 어려울 것이다. 차라리 그는 브루스터 씨가 사는 장원 근처의 길가에 서서 기다리기로 했다.

그는 오랫동안 기다렸다. 왕이 오기나 할 것인지 의심이 갔다. 그러던 마침내 여러 마리 말들이 먼지를 내며 달려오는 모습이 보였다.

그 길은 말 두 마리가 겨우 지나갈 만한 길이었다. 맨 앞에 있는 말 두 마리가 윌리엄이 서 있는 곳에서 멈추었다. 곧 군중들이 그 뒤에 모여들었다.

"여기가 어디지?" 그 중 한 남자가 물었다. 그는 평범한 사람처럼 보였다. 눈은 작고도 동그랬으며, 수염은 마치 좀이 갉아 먹은 듯 숱이 없고 빈약했다.

"요크 대주교의 장원입니다, 전하." 다른 남자가 말했다.

그리고보니 이 사람이 바로 왕이로구나! 영국 전체를 다스리는 통치자! 윌리엄은 숨이 멎는 것 같았다. 그는 왕을 쳐다봐도 되는지 의심스러웠다.

그때 왕이 말했다. "이 근처에 왕가에 속한 다른 곳은 없나?"

"없습니다." 윌리엄은 그가 노팅햄의 주장관이라고 짐작했다. 그는 파란색 윗도리에 빨간색 망토를 두르고 있었다. 그의 목에는 주장관을 뜻하는 커다란 은색 목걸이가 걸려있었다.

"셔우드 숲이 근처에 있나?" 왕이 또 물었다.

"그렇습니다, 전하."

"그런데 대주교의 땅은 있어도, 왕이 사냥할 곳이 없단 말이냐? 말도 안 되는 소리! 레녹스! 아가일! 머레이! 가서 이곳을 돌아보자!"

왕은 말머리를 돌려 스크루비 장원의 정문 쪽으로 갔다. 그 뒤로 말 탄 사람들이 줄줄이 따라갔다. "여기 책임자가 누구인지, 나와서 우리를 수행하라고 해라." 왕이 어깨너머로 돌아보며 명령했다.

주장관은 기다란 말 행렬 뒤로 가서 브루스터 씨를 찾았다. 사람들 사이에 끼어있던 브루스터 씨가 앞으로 나와서 왕을 수행했다. 그러는 동안 윌리엄은 살그머니 정문을 통과해서 군중들이 있는 뜰로 들어갔다. 곧 그는 다시 국왕 가까이 서 있었다.

제임스 왕이 말에서 내리자, 두 남자가 와서 그를 거들었다. 왕이 두 발로 서자 그 두 남자는 왕을 부축했다. 윌리엄은 그가 왕이어서 그러는 건지, 아니면 그가 진짜로 걸을 수가 없어서 그러는 건지 알 수가 없었다.

그가 나중에 브루스터 씨에게 물어보니 왕은 다리가 약해서 부축을 받아야 걸을 수 있다고 했다.

"좋은 곳이야, 좋은 곳이야. 주교가 살기에는 지나치게 좋은 곳이야." 왕이 하는 말이 윌리엄의 귀에 들렸다. 그러나 왕이 아주 강한 사투리로 말하는 바람에 윌리엄은 그 말을 알아듣기가 매우 어려웠다.

그때 브루스터 씨가 가까이 와서 왕 앞에 무릎을 꿇었다. 왕이 일어나라고 손짓을 하자, 그가 다시 일어났다.

"대주교가 언제 마지막으로 이 곳에 왔지?" 왕이 물었다.

"모릅니다, 전하." 브루스터 씨가 말했다.

"모른다고! 자네가 이 곳의 책임자가 아닌가?" 왕이 호통을 쳤다.

"그렇습니다, 전하. 하지만 제가 있는 동안에는 대주교가 오시지 않았습니다."

왕은 브루스터 씨를 찬찬히 쳐다보았다. "자네는 말투를 들어보니 시골 사람이 아니군. 대학을 나온 모양이군? 케임브리지 출신인가?"

"그렇습니다, 전하."

왕은 만족스러운듯 고개를 끄덕거렸다. 그러더니 인상을 찌푸렸다. "위험한 작자들이야. 케임브리지 출신들은 늘 변화를 원하거든. 자네는 어떻게 이곳에 오게 되었나?"

아, 브루스터 씨가 메리 여왕의 사형과 관련되어 있다는 사실을 왕이 알게 되면 어떡하나?

하지만 브루스터 씨는 현명하게 대답했다. "아버지가 하시던 업무를 물려받았습니다." 그가 말했다.

그러자 왕은 그 장원에 대해서 물었고, 대주교가 그 장원에서 수입을 얼마나 벌고 있는지 물었다. 곧 그는 브루스터 씨에 대해서 완전히 잊어버렸다. 몇 분 후 그는 서둘러 떠날 준비를 했다.

윌리엄은 들어 올리는 다리 맞은 편까지 달려갔다. 왕이 떠나는 모습을 보려고 했던 것이다.

윌리엄은 제임스 왕이 말을 타자 훨씬 더 위엄있게 보인다고 생각했다. 그리고 그런 생각을 하는 자체가 위험한 것은 아닌지 궁금했다.

왕은 다리 맞은 편까지 건너왔고, 말이 길을 향해서

방향을 틀었다. 왕이 고삐를 잡아당기자 말들이 앞다리를 들어 올렸다. 윌리엄은 자칫 길옆의 도랑에 빠질 뻔하는 바람에 두 손을 번쩍 들었다. 그러다가 그만 왕의 몸을 건드렸다.

왕은 말채찍으로 윌리엄을 갈겼다. "내 몸에서 손을 떼라, 이 더러운 부랑배 같으니!" 그가 소리쳤다. "왕을 존중할 줄도 모르느냐?"

윌리엄은 잠깐 동안 왕의 작은 눈을 쳐다보았다. 거기에는 빛도, 사랑도 없었다. 그리고 왕은 사라졌다. 인간을 판단하는 유일한 기준은 이 세상에서 차지한 그의 지위가 아니라 오직 그의 행동이라고 윌리엄은 생각했다.

"윌리엄, 들어오너라."

브루스터 씨는 다리에서 그의 옆에 서 있었다. 말들은 길을 따라 멀리 가버렸다. 그 뒤에는 먼지만 남아 있었다.

브루스터 씨는 윌리엄의 어깨에 손을 얹었다. "윌리엄, 이제 왕을 보았는데 어떻게 생각하니?" 그가 말했다.

왕은 말채찍으로 윌리엄을 갈겼다.

"다시는…… 다시는 보지 않았으면 좋겠어요."
"네가 보다시피 왕도 인간이란다. 그런데 우리는 왕이 보통 사람들보다 더 나을거라고 기대를 하지."
"저를 채찍으로 때리는 이유가 뭐죠?" 윌리엄이 말했다. "전 아무 짓도 하지 않았는데."

"왕이 가는 길에 네가 방해가 되었거든." 브루스터 씨가 말했다. "왕에게는 그것만으로도 충분히 때릴 이유가 있지. 자, 네가 집에 가기 전에 뭘 좀 먹자."

식탁에 앉아서 먹는 동안 브루스터 씨는 윌리엄에 대해서 여러 가지 질문을 했다. 학교에 대해서도 물었다.

윌리엄은 알리스 숙모에 대해서도 이야기하게 되었고, 숙모가 늘 톰의 편만 든다는 것도 말했다. 그는 자유농이 어떤 사람인지 가르쳐주신 할아버지에 대해서도 말했다. 그는 자기의 양 떼와 학교에 대해서 말했다. 그리고 그는 생각만 해도 괴로운 문제에 관해서 이야기했다.

"다음 달이면 학교를 그만두어야 한다고 삼촌이 말씀하셨어요." 그가 말했다. "저는 이제 충분하고도 남을 만큼 배웠다고 하셨어요. 하지만 저는 브루스터 씨처럼 대학에 가고 싶어요. 케임브리지에 가고 싶어요."

브루스터 씨는 곰곰이 생각에 잠기며 턱수염을 쓰다듬었다. "윌리엄, 네가 대학에 가도록 나도 도와주고 싶다." 그가 말했다. "하지만 네 말을 들어보니, 네 삼촌과 숙모가 허락하시지 않겠구나. 네가 스물한 살이 될 때까지는 그들의 말을 따라야 하는데, 안됐지만 그 나이에 대학을 가는 사람이 없거든."

그는 잠시 멈추더니 심각한 얼굴로 창밖을 내다보았다. "내가 해줄 수 있는 일은 한 가지야." 그가 말했다. "네가 하는 공부를 내가 기꺼이 도와주마. 케임브리지 교수들이 가르쳐주는 것과 똑같이 말이다. 넌 머리가 좋고, 열정이 있어. 하나님께서 무슨 목적으로 너에게 그런 머리를 주셨는지 아직은 우리가 알 수 없지만, 그때가 될 때까지 나와 함께 준비하기로 하자."

10
윌리엄이 누나를 구하다

왕을 만나고 일주일 후, 윌리엄 브래드포드는 학교를 떠나게 되었다. 이제 브루스터 씨가 그의 공부를 도와주기로 약속했으니, 학교를 떠나는 것이 그렇게 슬프지 않았다. 그는 이제 열세 살이 되지 않았는가? 대부분의 소년들은 그보다 훨씬 일찍 농부가 되곤 했다.

그는 샘 화이트만 빼고는 학교에 대한 미련이 없었다. 지난 4년 동안 둘은 거의 날마다 만났고, 항상 같이 다녔다. 윌리엄은 샘과 같이 가기 위해 먼 길을 돌아

서 학교에 갔다. 그들은 학교 마당에서 함께 점심을 먹었고, 운동할 때면 윌리엄은 항상 샘을 자기편으로 선택했었다.

학교 마지막 날, 두 소년은 더 천천히 걸어서 집으로 갔다.

"하지만 일요일이면 널 만날 테니까." 윌리엄이 말했다.

"어차피 나도 곧 학교를 그만두게 돼." 샘이 말했다.

"할 수 있는 한 오래 학교에 다녀." 윌리엄이 말했다. "배우는 것은 중요하니까."

"네가 없으니 이제는 학교가 그전처럼 재미있지 않을 거야."

"나 대신 티미를 돌봐줄래? 때때로 그 애의 공부를 도와줘. 그리고 큰 아이들이 괴롭히지 못하도록 지켜주고."

"내가 티미를 돌볼게." 샘이 말했다. "하지만 공부를 도와줄 수 있을지는 모르겠어. 난 너처럼 똑똑하지 않으니까."

"자, 이제 갈림길에 다 왔다." 윌리엄이 말했다. 그러나 그는 갈림길로 들어서지 않았다. 그곳에 서서 떠나고 싶지 않았다.

샘은 주머니에 손을 찌르더니 칼을 꺼냈다. "윌리엄, 내 주머니칼 가져. 난…… 난 필요없어."

윌리엄은 학교 가방에 손을 넣어 잉크병을 꺼냈다. "넌 이걸 가져." 그가 말했다.

샘이 그것을 받았다.

그리고 두 소년은 길에 서서 발로 돌멩이를 차서 뽀얀 먼지를 일으켰다. 먼지가 윌리엄의 코에 들어가자 그가 재채기를 두 번 했다.

"하나님이 널 축복하시기를!" 샘이 말했다.

윌리엄은 샘이 진심으로 그 말을 한 것을 알았다. 그를 밥워스에 데려간 것은 샘이었다. 덕분에 그는 브루스터 씨를 만났고, 브루스터 씨 덕분에 그의 삶이 변했다.

"하나님이 널 축복하시기를!" 이 말을 남기고 윌리엄은 갈림길로 들어서서 집을 향해 달렸다.

다음 날 아침부터 윌리엄은 로버트 삼촌을 도와 농장에서 일했다. 그는 이제 자유농이 된 것이다. 아침에

동이 틀 때 일어나서 삼촌과 들로 나갔다. 톰도 학교를 그만두었다. 그는 양 떼를 몰고 들판으로 갔다. 그것은 쉬운 일이었으며, 톰은 어려운 일을 하기 싫어했다.

그러나 윌리엄은 밭에서 호미질을 하며 허리가 부러질듯한 고된 노동을 했다. 그리고 소젖을 짰다. 소에게 멍에를 씌워 저지대로 가서 삼촌이 도랑을 메워 만든 밭을 갈았다. 온종일 소 뒤를 따라 걸었다. 질퍽거리는 진흙땅을 걷기에 지쳐서 더 이상 발이 땅에서 떨어지지 않을 것 같았다.

윌리엄은 로버트 삼촌과 함께 일하면서 그와 친해졌다. 때때로 삼촌은 알리스 숙모의 잔소리에 대해 불평했다. 어떨 때는 톰이 얼마나 게으르며, 숙모가 톰을 버릇없게 키우는 것에 대한 농담도 했다. 윌리엄은 로버트 삼촌의 삶이 그리 쉽지 않다는 것을 알고 나자 삼촌이 불쌍하게 느껴졌다.

때때로 그의 누나 알리스가 들에서 일하는 윌리엄에게 도시락을 가져왔다. 그럴 때면 둘이 나무 그늘에 앉아 이야기를 나누었다. 알리스는 예쁘지만 몸이 약했다. 그녀의 금발 머리카락은 거의 희게 보였다. 허리가 꼭 끼는 기다란 치마를 입은 그녀는 마치 인형처럼 보였다.

"누나는 너무 말랐어." 어느 날 정오에 나무 그늘에서 쉬던 윌리엄이 말했다. "우유를 많이 마셔. 알리스 숙모가 일을 너무 많이 시키도록 그냥 두지 말고."

"하지만 톰처럼 뚱보가 되라는 건 아니겠지?" 알리스가 말했다.

윌리엄이 웃었다. "그럴 염려는 없어, 알리스." 그가 말했다. "다만 나처럼 튼튼하고 힘이 세져야 해."

윌리엄은 몇 년 전 폐렴을 앓았음에도 매일 밥워스의 학교에 걸어 다니면서 몸이 튼튼해졌다. 어깨는 점점 넓어졌고, 가슴은 점점 두꺼워졌고, 팔과 등과 다리에는 단단한 근육 덩어리가 보이기 시작했다.

"난 소녀치고는 건강해." 알리스는 늘 그렇듯 상냥한 음성으로 말했다. "알리스 숙모께서 나를 찾기 전에 얼른 집에 돌아가야겠다."

윌리엄은 다시 소들에게 갔다. 그는 막 밭을 갈려고 하다가 고개를 돌려 알리스를 쳐다보았다. 알리스는 소들이 풀을 뜯고 있는 목초지 속으로 사라지고 없었다.

그 길은 집으로 가는 지름길이었다. 별안간 윌리엄은 황소가 생각났다. 그는 보통 때 황소를 우리에 가두어 놓는데, 오늘 아침에는 목초지에 풀어놓았던 것이다.

갑자기 황소는 윌리엄을 향해 달려오기 시작했다.

"알리스!" 그가 불렀다. "알리스! 기다려!"
알리스는 너무 멀리 가서 윌리엄이 부르는 소리가 들리지 않았다.
윌리엄은 우리의 담장 문을 향해서 달렸다. 조금도 멈

추지 않고 달렸다. 그는 담장 문 꼭대기를 잡고 몸을 날려 훌쩍 뛰어넘었다.

바로 그때 알리스가 들판 한가운데서 멈췄다. 황소를 본 것이다. 황소는 발을 땅바닥에 구르며 머리를 아래위로 흔들고 있었다. 윌리엄의 눈에 햇빛에 번쩍이는 날카롭고 위험한 뿔이 보였다.

"알리스, 꼼짝 마!" 그가 소리쳤다. 그는 알리스가 어찌할 바를 모르고 있다는 것을 느낄 수 있었다. "가만히 있어! 움직이지 마!" 그가 다시 소리쳤다.

윌리엄은 셔츠를 벗어서 머리 위로 흔들며 황소를 향해서 앞으로 뛰어가기 시작했다.

황소는 윌리엄 쪽으로 몸을 돌려 몇 발짝 오더니 다시 발로 땅을 굴렀다.

"이제 도망가!" 윌리엄이 소리쳤다. "전속력으로 뛰어!"

그는 계속해서 황소 쪽으로 다가가며 셔츠를 휘둘렀다. 갑자기 황소는 두둑한 어깨에 힘을 주며 윌리엄을 향해 달려오기 시작했다. 담장 문까지는 먼 거리였다. 윌리엄은 돌아서서 담장 문을 향해 온 힘을 다해서 달렸다. 등 뒤에서는 씩씩거리는 황소의 뜨뜻한 입김이 느껴지는 것 같았다. 그는 셔츠를 내던지고 계속해서 달렸다.

　마침내 담장 가까이 왔다.

　그러나 그 순간 발끝이 두둑한 풀더미에 걸려 땅바닥에 납작하게 넘어졌다! 순식간에 다시 일어났지만, 황소는 바로 그의 등 뒤까지 왔다. 그는 안간힘을 다해 담장 문 꼭대기를 잡고 뛰어넘었다.

　그는 목숨을 건졌다. 알리스도 목숨을 건졌다.

11
집안에 학자가 태어나다

"양들에게 뭔가 문제가 있어." 로버트 삼촌이 말했다. 그는 거실을 서성대다가 벽난로 옆에 있는 기다란 의자에 털썩 주저앉았다. "아무것도 먹으려고 하질 않아. 어떤 것들은 제대로 서 있지도 못하고. 어떻게 해야 할지 모르겠어. 다음 주가 털 깎는 날인데. 양털을 깎아야 돈이 생기거든. 하지만 저렇게 아플 때 양털을 깎으면 죽어버릴 수도 있어."

알리스 숙모가 저녁 먹으라고 부르자 삼촌은 식탁에

가서 기도했다. 그러나 더 이상 양에 대해서는 아무 말도 하지 않고 접시에 담긴 음식을 뒤적거리기만 했다.

양들의 상태는 나아지는 대신 점점 더 악화되었다. 날마다 아픈 양들이 더 많이 생겼다. 로버트 삼촌은 양들을 보면서 고개를 저었다.

일요일이 되자 윌리엄은 아침을 먹고 바로 집을 떠났다. 학교를 그만둔 이후 일요일 아침이면 항상 브루스터 씨 집에 갔다. 브루스터 가족들과 함께 교회에 다녀온 뒤 다시 장원에 가서 점심을 먹었다. 그리고 오후 내내 브루스터 씨와 함께 공부하며 대화를 나누었다.

윌리엄은 브루스터 씨에게서 역사, 지리, 종교를 배웠다. 그들은 라틴어로 된 책을 함께 공부했다. 성경에 관해서도 대화를 나눴다. 그들은 브루스터 씨가 살았던 홀랜드에 관해서 이야기했다. 신세계 아메리카에 대해서 이야기했다. 그 당시 신세계를 본 영국인들은 극히 몇 명밖에 없었다.

브루스터 씨 서재에는 책이 백 권도 넘게 있었다. 윌리엄은 평생 그렇게 많은 책은 처음 보았다. 윌리엄이 브루스터 씨에게 그 책을 전부 읽었는지 물어보자, 그가 웃으며 말했다. "이것들 말고도 훨씬 많이 읽었단다. 난 책이라면 사족을 못 쓰거든."

윌리엄은 이미 집에 돌아갈 때마다 책을 빌려 가고 있었다. 그 책을 다 읽으면 돌려주고 다른 것을 빌려 왔다. 그리고 책을 읽을 때마다 브루스터 씨와 함께 그 책에 관해서 이야기했다.

배울 것이 참으로 많았다!

그러나 이번 일요일에는 병든 양들 때문에 로버트 삼촌이 이렇게 말했다. "가서 책에 코를 처박고 있느니, 여기서 나와 함께 양을 돌보는 게 낫겠다."

"그러면 교회 끝나고 곧장 집으로 오겠어요." 윌리엄이 말했다.

"괜찮다, 윌리엄. 괜찮아. 어떻게든 해결되겠지."

점심식사 후 윌리엄과 브루스터 씨는 서재로 갔다. 그러고 늘 그렇듯 윌리엄은 선반에 꽂혀 있는 책들을 열심히 살펴보았다. 그 중 한 권이 시선을 사로잡았다. "아, 농사에 관한 책도 있군요."

"그럼. 내가 대주교의 농장을 관리하니까 농사에 대해서도 알아야 하거든."

윌리엄은 브루스터 씨가 농부라고는 전혀 생각하지 못했다.

갑자기 그에게 좋은 아이디어가 떠올랐다. "우리 양 떼가 병이 들었어요." 그가 말했다. "어떻게 하면 되는지 그에 관한 책이 있을까요?"

"한번 찾아보자." 브루스터 씨가 말했다.

그는 책 한 권을 펼쳤다. 농부를 위한 오백 가지 조언이라는 그 커다란 책에는 농부와 그 부인들을 위한 조언이 가득했다. 씨앗을 언제 심고, 날씨를 어떻게 예측하며, 치즈를 잘 만들려면 어떻게 해야 하는지, 그 외에 여러 가지가 쓰여 있었다.

마침내 윌리엄은 그가 원하던 책을 찾은 것이다. "여기 있어요!" 그가 소리쳤다. "그런데 모두 시로 되어 있어요!"

그는 브루스터 씨의 책상에서 펜을 집어 종이에다 그 내용을 적었다.

"지금 당장 집에 가서 로버트 삼촌께 보여 드려야겠어요." 그가 말했다.

그가 집에 갔을 때 로버트 삼촌은 바깥 양우리에 있었

다. 그는 건강한 양들에게 병이 옮지 않도록 아픈 양들을 골라내고 있었다.

윌리엄은 종이쪽지를 삼촌에게 보였다. "양들에게 이렇게 하면 돼요." 그가 말했다. "브루스터 씨 책에서 보고 적어왔어요."

"책이라구!" 로버트 삼촌이 말했다. "책에서 어떻게 농장 일을 배운단 말이냐?" 그러나 그는 종이쪽지를 받

윌리엄은 그 내용을 적었다.

아서 보았다. "네가 쓴 글씨니까 네가 나에게 읽어다오."

그래서 윌리엄이 삼촌에게 소리내어 읽어주었다.

"지금보다 더 악화될 수는 없을 테니." 삼촌이 말했다. "한번 그렇게 해보자."

윌리엄은 삼촌을 따라 집으로 들어가서 부엌으로 갔다. 그들은 벽에 걸려있는 알리스 숙모의 솥과 냄비를 내려서 약을 만들기 시작했다.

알리스 숙모가 부엌에 들어왔다. "윌리엄 브래드포드!" 그녀가 꽥 소리를 질렀다. "내 솥과 냄비를 더럽힐 셈이냐? 로버트, 당신은 어떻게 저 녀석이 내 부엌을 더럽히는 꼴을 보고만 있는 거죠?"

"우리는 할 일이 있어요, 알리스." 로버트 삼촌은 작지만 단호한 목소리로 말했다. "우리를 방해하지 말고 여기서 나가요."

알리스 숙모는 부엌 문간에 서서 입을 벌렸다 다물었다 했는데, 아무런 소리도 나오지 않았다. 그리고 그녀는 요란스럽게 치마를 홱 낚아채며 돌아서서 사라져버렸다.

월리엄이 빙긋이 웃었다. 이렇게 삼촌과 한마음이 된 것을 느껴본 적이 없었다.

약이 다 완성되자 그것을 가지고 양우리로 가서 양들에게 먹였다. 그러자 바로 다음날부터 양들이 회복되기 시작했다. 사흘이 지나자 양들은 완전히 건강을 회복했다.

며칠 후 저녁 월리엄은 브루스터 씨에게서 빌린 책을 꺼내어 벽난로 옆에서 읽었다.

"월리엄이 또 저렇게 책에다 코를 쳐박고 있어요." 톰이 말했다.

"말조심해라!" 그의 아버지가 말했다. "집안에 학자가 있어서 얼마나 다행인지 모른다."

그 이후 월리엄이 책 읽는 것을 놓고 탓하는 사람이 아무도 없었다.

12
감옥

 윌리엄 브래드포드 마음을 괴롭히는 문제가 한 가지 있었다. 그는 한참 동안 그것에 대해서 생각했다. 장차 무엇을 할 것인가? 그는 이제 열여섯 살이 되었으니, 무엇을 해야 할지 알아야 한다.

"할아버지는 자유농이 좋은 직업이며, 자기 땅을 소유하고 아무에게도 종속되지 않는 자유인이라고 하셨어요." 어느 날 윌리엄이 브루스터 씨에게 말했다. "하지만 저는 무언가 그 이상의 일을 해야 한다는 생각이 들

어요. 그보다 더 큰일 말이에요."

"뭘 하고 싶니, 윌리엄?" 브루스터 씨가 물었다.

"모르겠어요." 윌리엄이 대답했다. "그게 문제예요. 전 농장일이 좋아요. 하지만 책도 좋아요. 그리고 사람들이 클리프튼 씨를 존경하는 모습을 보면 저도 목사가 되고 싶어요."

브루스터 씨는 윌리엄의 어깨에 손을 얹었다. 그리고 따스한 음성으로 말했다. "인내심을 가져라, 윌리엄. 넌 아직 어려. 하나님께서 너에게 주신 사명이 있다면, 너에게 그것을 보여주실 거야."

그 후 얼마 안 되어 브루스터 씨와 윌리엄은 클리프튼 씨의 설교를 들으러 함께 다녔던 다른 사람들과 함께 그들만의 교회를 시작했다. 클리프튼 씨가 그들의 목사가 되었다. 그것은 법에 어긋나는 일이었다. 왜냐하면 국왕의 지침에 맞지 않는 것이기 때문이었다. 그 교회는 비밀이었다. 그러나 물론 모두 다 그 사실을 알게 되었다.

어느 날 윌리엄이 브루스터 씨와 함께 있을 때 문을 쾅쾅 두드리는 소리가 났다. 브루스터 부인의 얼굴이 하얗게 질렸다. 그녀는 요람에 누워있던 아기를 얼른 들어서 꼭 안았다.

브루스터 씨가 문을 열었다. 은단추가 달린 회색 외투를 입은 키 큰 사람이 거기서 있었다. 그는 손에 공식적인 서류 같은 종이를 쥐고 있다가 브루스터 씨에게 건네주었다.

"브루스터 씨, 체포 영장입니다." 그가 말했다. "종교에 대한 불순종 건입니다. 저와 함께 요크로 가야 합니다."

브루스터 부인이 그를 향해 갔다. "제 남편은 선량한 사람입니다." 그녀가 말했다. "그는 부끄러운 행동을 한 적이 없습니다. 그런데 무엇 때문에 그를 체포하시는 거죠?"

"여보, 걱정 말아요." 브루스터 씨가 말했다. "윌리엄, 내가 의지할 사람은 자네밖에 없네. 내가 다시 돌아올 때까지 여기 남아서 내 아내와 아이들을 돌보아 주겠나?"

"네. 그러겠습니다." 윌리엄이 말했다.

윌리엄 브루스터는 두 주일 동안 잡혀가 있다가 석방

이 되어 집으로 돌아왔다. 그가 대주교의 토지 관리인 이어서 그런지 재판관은 그를 엄하게 다루지 않았다. 하지만 교회 예배는 중단해야 한다고 명령을 내렸다. 그러나 그것만은 그가 절대로 순종하지 않을 것이다.

그러자 곧 국왕으로부터 명령이 떨어졌다. 브루스터 씨를 우정국장에서 해임한다고 했다. 그뿐 아니라 그가 교회법에 저항했기 때문에 그의 집을 몰수할 수도 있었다.

그것은 매우 심각한 타격이었다. 장원의 집이 없이는 모일 장소가 없었고, 그러면 교회가 없어지는 것이다. 그렇게 되면 브루스터 씨와 교회 사람들은 어디로 간단 말인가? 영국 땅에서는 그들을 받아줄 곳이 아무데도 없었다.

"홀랜드로 가면 됩니다." 클리프튼 씨가 말했다. "그곳에서는 누구나 자유를 누립니다."

"만일 왕이 허락한다면 갈 수 있지요." 브루스터 씨가 말했다. "왕은 우리가 이곳에 사는 것도 원하지 않지만, 나라를 떠나는 것도 허락하지 않을 것입니다. 그러다가 잡히면, 우리는 다시 이곳으로 돌아와야 해요. 잘

아시지 않습니까?"

그러나 그 모든 위험에도 불구하고, 교회 사람들은 모험을 선택했다.

물론 윌리엄은 브루스터 가족과 함께 갈 것이다. 브루스터 씨는 그에게 아버지 같았고, 브루스터 부인은 어머니 같았다.

그들은 몰래 떠나야 했다. 하지만 윌리엄은 로버트 삼촌에게까지 감출 수가 없었다. 그의 누나 알리스에게도 알리고 싶었다. 어쩌면 알리스가 함께 갈지도 모른다. 그는 로버트 삼촌에게 말하기 전에 먼저 알리스에게 말을 하기로 했다.

그가 알리스에게 모든 것을 털어놓자, 그녀가 말했다. "윌리엄, 난 갈 수 없어. 난 너처럼 용기도 없고 건강하지도 않아. 네가 무척 보고 싶을 거야. 하지만 갈 수는 없을 것 같아."

윌리엄은 알리스가 여전히 창백하다고 생각했다. 홀랜드로 가는 사람들은 앞으로 몹시 힘든 삶을 살게 될 것이다. 그래서 그는 더 이상 알리스를 설득하려고 하지 않았다.

"내가 한 말을 아무에게도 하지 말아줘." 그가 말했다. "만일 우리 계획이 들통 나면, 우리 모두 감옥에 가야 해."

"로버트 삼촌에게도 말씀 드리지 않을 거니?" 알리스가 물었다.

"떠나기 바로 전날 밤에 말씀 드릴 거야. 그 전에는 너무 위험해." 윌리엄이 말했다.

마침내 모든 준비가 완료되었다. 브루스터 씨는 100킬로미터를 여행해서 링컨셔 구역에 있는 보스톤에 다녀왔다. 그는 그곳에서 배의 선장을 만났다. 그들을 홀랜드로 데려다 주면 많은 돈을 주겠다고 약속했다. 그 선장이 한밤중에 한적한 해변으로 배를 가져와서 서로 만나기로 했다. 그곳에서는 사람들의 눈에 뜨일 염려가 거의 없었다.

떠나기로 한 날 윌리엄은 로버트 삼촌에게 모든 계획을 털어놓았다. "저는 가야 해요. 왠지는 모르지만, 이것이 제가 해야 할 일이라는 생각이 들어요."

로버트 삼촌은 고개를 설레설레 흔들었다. "여기 있으면 양 떼도 많고 땅도 많은데……, 네가 스물한 살이 되기만 하면 그 모든 재산이 모두 네 것이 될 텐데. 아니 그 이상 더 바랄 게 뭐가 있단 말이냐? 그렇게도 공부에 빠져있더니만 결국 너에게 뭐가 좋고 뭐가 나쁜지 분간도 제대로 못하게 되었구나. 난 이해할 수가 없어. 하지만 네가 잘 되기를 바란다."

"저, 할아버지의 성경책 가져가도 될까요?" 윌리엄이 물었다. "그 책은 가족들을 생각나게 해줄 거예요."

로버트 삼촌은 함 뚜껑을 열고 성경을 꺼내어 윌리엄의 손에 쥐여 주었다. "할아버지가 그걸 너에게 주라고 하셨어." 그가 말했다.

다음 날 아침 일찍 윌리엄과 브루스터 가족은 커다란 장원과 이별했다.

바다까지 가는데 이틀이 걸렸다. 교회의 다른 사람들은 서로 다른 시간에 집을 떠났다. 각기 서로 다른 길로 걸어갔다. 만일 그들이 영국을 떠나려고 한다는 사실을 왕의 군대가 알아채면, 그들 모두 감옥에 가게 된다.

마침내 모두 다 외로운 해변에 다다랐다. 그곳에서 배가 그들을 기다리기로 했다. 배는 밤중에 오기로 했다. 날은 캄캄해졌으나, 윌리엄은 너무 흥분해서 잠을 잘 수가 없었다. 그는 밤새 배가 오는지 지켜보았다. 새벽이 되었으나 아직도 배는 나타나지 않았다.

이제 그들은 어떡해야 하나? 시간이 가면 갈수록 그들이 들킬 위험이 점점 더 커졌다.

마침내 다음 날 밤 배가 나타났다. "배가 왔어요! 배가 왔어요!" 윌리엄이 소리쳤다.

누워있던 남자와 여자들이 바닥에서 일어났다. 그들은 물가로 가서 어둠 속을 내다보았다. "하나님, 감사합니다!" 그들이 말했다.

배에서 작은 보트가 왔다. 그 보트는 여러 번 배와 해변 사이를 왔다갔다하며 사람들을 실어날랐다. 마침내 모두가 배에 올랐다.

"선장님, 이제 모두 승선했습니다. 이제 돛을 올려도 됩니다." 윌리엄 브루스터가 말했다.

"뱃삯을 치르기 전에는 떠나지 않겠소." 선장이 거친 목소리로 말했다.

"그렇다면 지금 반을 드리고, 나머지 반은 우리가 안전하게 홀랜드에 도착하면 드리겠소이다." 윌리엄 브루스터가 말했다.

그가 선장의 손에 돈을 쥐여주려는 순간 노 젓는 소리가 들렸다. 어둠 속에서 누군가가 소리쳤다. "국왕의 이름으로 명한다! 멈춰라!"

국왕의 군인들이 온 것이다!

군인들은 모든 승객들을 보트에 태워 해변으로 데려갔다. 그들은 몸을 수색하고 돈을 압수했다. 그리고 그들을 끌고 보스톤으로 갔다.

"여러분! 여러분!" 군인들이 마을 사람들에게 소리쳤다. "국왕의 진실한 종교를 배반하고 왕국을 빠져나가려고 했던 원수들이요! 와서 보시오! 와서 보시오!"

사람들이 문과 창문으로 몰려들어 고개를 내밀었다. 그들은 꽥꽥 비명을 지르며 죄수들에게 흙과 물건들을 던졌다.

윌리엄은 다른 사람들과 함께 좁다란 길을 행진해서 시청에 이르렀다. 감옥은 시청 지하에 있었다. 모든 죄수들은 큰 벽난로가 있는 커다란 감옥에 넣어졌다.

그 감옥에는 묵직한 빗장이 걸려있는 작은 감방 세 개가 붙어있었다. 그곳은 죄수들 중 우두머리들을 가두는 방이었다. 윌리엄 브래드포드도 그곳에 들어갔다.

문이 쾅 닫히고 열쇠로 자물쇠를 잠그는 소리가 났다.
 윌리엄 브래드포드는 죄수가 된 것이다.
 윌리엄과 사람들은 감옥에서 한 달을 갇혀 있었다. 재판관은 죄수들을 친절하게 다루었다. 그들이 선량한 사람들임을 알았기 때문이다. 그러나 그들은 국왕의 법을 위반했기 때문에 처벌을 받아야 한다. 법이 아무리 악해도 법은 법이었다.
 마침내 재판관들은 일곱 명만 남겨두고 모두 석방시키기로 결정했다. 그들은 윌리엄 브래드포드가 어리다는 이유로 그를 석방시켰다. 그는 아직 열일곱 살밖에 안 되었다. 그러나 브루스터 씨와 클리프튼 씨는 석방되지 않았다.
 브루스터 부인은 가지고 있던 적은 돈으로 간신히 말과 수레를 빌렸다. 그녀는 아이들을 데리고 보트리 근처의 친정아버지 집으로 가기로 했다. 그녀의 아버지는 사위가 한 일을 못마땅하게 여겼으나, 딸과 손주들을 집에 머물게 해주었다.
 윌리엄은 집에서 110킬로미터 떨어진 곳에 있었다. 그는 돈도 없고, 직업도 없었다. 다시 오스터필드로 가는 수밖에 다른 방도가 없었다. 삼촌과 다른 모든 사람들의 충고를 저버리고 집을 떠나는 것은 여간 어려운 일이 아니었다. 그러나 다시 돌아가는 것은 더 어려웠다. 그는 이제 범법자가 되었으니 아무도 그를 받아주려고 하지 않을 것이다.

오직 한 사람! 그래! 샘 화이트는 그를 받아주지 않겠는가?

브루스터 부인과 세 명의 자녀들을 그녀의 아버지 집으로 모셔다 드리고 난 뒤, 윌리엄은 서둘러 보트리로 갔다. 샘을 못 본 지 오래되었다. 그러나 샘은 분명 그의 처지를 이해해 줄 것이다. 샘은 윌리엄에게 가장 절친한 친구였다.

그가 샘의 집에 가자 샘의 어머니는 문도 거의 열어주지 않았다.

"샘은 집에 없다." 그녀가 말했다. "식당에 가면 있을지도 모르지."

윌리엄이 식당으로 가니 샘은 허리에 흰 앞치마를 두르고 있었다. 그는 빈 나무통을 굴려 문밖으로 내보내고 있었다. 그는 윌리엄을 보는 순간 마치 유령을 보듯

윌리엄 브래드포드는 죄수가 된 것이다.

이 얼굴이 하얗게 질렸다. 그는 식당을 가리키며 고갯짓을 하고는 계속 통을 굴렸다.

"너와 이야기할 수 없어." 그가 말했다. "사람들 눈에 띄었다간 손님들이 끊어질 테니. 밤중에 어디 다른 데서 보자."

"괜찮아, 샘." 윌리엄이 말했다. "진정한 친구는 밤중에 만날 필요가 없어. 잘 있어. 그리고 잘 되기 바란다!" 그는 슬픈 마음으로 오스터필드로 가는 길로 들어섰다.

숙모가 문을 열어주자 그가 말했다. "폐를 끼칠 마음은 없어요. 이곳에서 머무르지는 않겠어요. 단지 알리스를 보려고 왔어요."

"알리스는 아파서 누워있다. 네가 만나봐야 아무 도움도 안 될 거다." 알리스 숙모가 말했다.

알리스는 일 층 방 침대에 누워 있었다. 그녀의 얼굴과 손은 몹시 창백했다. 큰 침대에 누워있는 그녀는 몹시 작아 보였다.

윌리엄이 몸을 굽혀 그녀의 이마에 입을 맞추었다.

"다시는 널 보지 못할까 봐 걱정했어." 알리스가 말했다. "돌아와서 정말 기뻐."

"누나가 다 나을 때까지 매일 만나러 올게." 윌리엄이 약속했다.

그는 약속을 지켰다. 날마다 누나를 만나러 갔다. 그리고 밤이면 할아버지가 물려준, 3킬로미터 떨어진 거리의 미션에 있는 집에서 잤다. 그 집에는 어떤 농부가 세를 들어 살고 있었다.

윌리엄은 날마다 알리스를 보러 왔으나, 그녀는 좋아지지 않았다. 1월이 되자 그녀는 교회 무덤에 아버지, 어머니 옆에 나란히 묻혔다. 그녀는 윌리엄에게 마지막 남은 가족이었다. 이제 더 이상 영국에는 그와 가까운 가족이 아무도 없었다.

마침내 브루스터 씨가 감옥에서 풀려났다.

윌리엄이 스크루비 장원에 가자 브루스터 부부가 함께 있었다.

"지체없이 다시 떠나야 해." 브루스터 씨가 윌리엄에게 말했다. "이제 영국에는 우리가 머물 곳이 없어졌어. 오늘 밤에 내가 가서 배를 알아보겠다."

며칠 후 그가 돌아왔다. "이번에는 홀랜드 배를 구했

어." 그가 말했다. "홀에서 그 선장을 만났지. 닷새 후에 떠나기로 했어. 윌리엄, 그러려면 할 일이 많아. 먼저 우리 교회 식구들에게 알려주고 함께 모여야 해. 이번에는 보트를 타고 강을 따라 바다로 가야겠어. 어쨌든 이제는 말도 없으니. 그리고 보트로 가면 사람들 눈에 덜 뜨일 거야."

윌리엄은 아직도 용기를 잃지 않고 가겠다는 사람들을 모두 만나러 다녔다. 브루스터 씨는 보트를 구했다.

"남자들은 육지로 가는 게 안전하겠어." 브루스터 씨가 윌리엄에게 말했다. "자네가 여자들을 보트에 태우고 함께 가게. 우리 모두 자네를 믿어."

윌리엄과 여자들이 탄 보트는 약속한 장소에 너무 일찍 도착했다. 그곳에는 넓은 강물이 마치 바닷물처럼 요동을 쳤다.

"이 배에서 종일 이렇게 뒤흔들리고 있을 수는 없겠어." 브루스터 부인이 윌리엄에게 말했다. "아이들은 너나 할 것 없이 뱃멀미를 하고 있으니. 아침이 될 때까지 기슭에 보트를 대놓고 기다려야겠어."

그렇게 해야 할까? 윌리엄은 확신이 없었다. 그는 그

배의 지도자였으므로 결정을 내려야 한다. 그는 아이들을 쳐다보았다. 모두 회칠한 것처럼 얼굴이 창백했다. "좋아요. 기슭으로 가요." 그가 말했다.

다음 날 아침 배가 그들을 태우러 왔다. 그러나 썰물이 빠져나갔기 때문에 그들이 탄 보트는 진흙탕 위에 얹혀 있었다. 보트를 움직일 방법이 없었다.

그 때 쯤 브루스터 씨와 다른 남자들이 도착했다. 선장은 작은 보트를 해변으로 보내어 그중 일부를 실어왔다. 그러나 그들이 배에 오르는 순간 선장은 말을 탄 기사들이 떼를 지어 해변 쪽으로 달려오고 있는 모습을 보았다. 또다시 국왕의 군인들이었다!

"닻을 올려라!" 그가 고함을 쳤다.

"안 돼! 안 돼!" 남자들이 고함쳤다. "잠깐만! 우리 아내와 아이들이 해변에 있단 말이오!"

그러나 선장은 들은 척도 하지 않았다. 그는 닻을 올리고 떠나버렸다.

이제 해변에 남은 남자들은 우물쭈물할 새가 없었다. 그렇지 않으면 또다시 잡혀서 감옥에 가게 된다.

"도망가시오! 가서 숨으시오!" 윌리엄 브루스터가 그

들에게 말했다. "윌리엄 브래드포드와 내가 남아서 아이들과 여자들을 돌보고 있을 테니, 기회가 오면 다시 떠납시다."

그래서 남자들은 달아났다. 윌리엄과 브루스터 씨는 여자와 아이들과 함께 군인들에게 붙잡혔다.

그러나 군인들은 정작 그 죄수들을 데리고 어떻게 할 바를 몰랐다. 시골의 어느 감옥도 그 많은 사람들을 가둘 만큼 넓은 곳이 없었다. 그래서 그들을 나누어 서로 다른 마을로 보내 재판을 받게 했다. 그러나 재판관들도 어찌할 바를 몰랐다. 그들에게는 이제 돌아갈 집이 없었기 때문이다.

그래서 마침내 1608년 8월, 몇 달 간의 고생 끝에 그들은 마침내 영국을 떠날 수 있었고, 홀랜드로 먼저 떠난 가족들과 만나게 되었다.

13
필그림

 윌리엄 브래드포드는 레이든에서 자신의 가족을 위한 작은 집을 지었다. 그리고 베틀 앞에 앉아 있었다. 그는 도로시 메이와 결혼을 했다. 존이라는 어린 아들도 있었다. 윌리엄은 하루종일 실로 옷감을 짰다. 그것은 더디고도 고단한 노동이었으나 그가 홀랜드에서 먹고 살 수 있는 유일한 방법이었다. 그곳에는 농사지을 땅을 소유하지 않았기 때문이다.

"윌리엄." 도로시가 옆 방에서 그를 불렀다. "누가 문

을 두드리고 있어요. 나가 볼래요? 난 존에게 밥을 먹이고 있거든요."

윌리엄은 그 기회에 일어나서 몸을 쭉 뻗을 수 있었다. 이웃에 사는 브루스터 씨였다. 스크루비 교회 식구들은 모두 레이든에서 함께 살고 있었다.

"브루스터 씨! 영국에서 언제 돌아오셨어요?" 윌리엄은 그의 옛 친구의 손을 잡아 집 안으로 인도했다. "배가 준비되었나요? 우리 아메리카로 가는 겁니까?"

브루스터 씨는 벽난로 옆에 있는 긴 의자에 앉았다. 그는 한숨을 쉬며 수염을 쓰다듬었다. 매우 지쳐 보였다.

"고생을 많이 했어." 그가 말했다. "상인들은 우리가 넘겨준 옷감 값으로 주겠다던 돈을 주지 않았어. 배도 준비되지 않았고. 나는 곧 다시 떠나야 해. 하지만 이곳에서 기다리는 사람들은 몹시 지쳤으니, 자네는 여기서 배를 사서 사람들을 태워 영국으로 오게. 하나님께서 뜻하시면, 나는 영국에서 배를 사서 준비해놓고 있겠네. 그래서 영국에서 함께 만나서 아메리카로 떠나기로 하세."

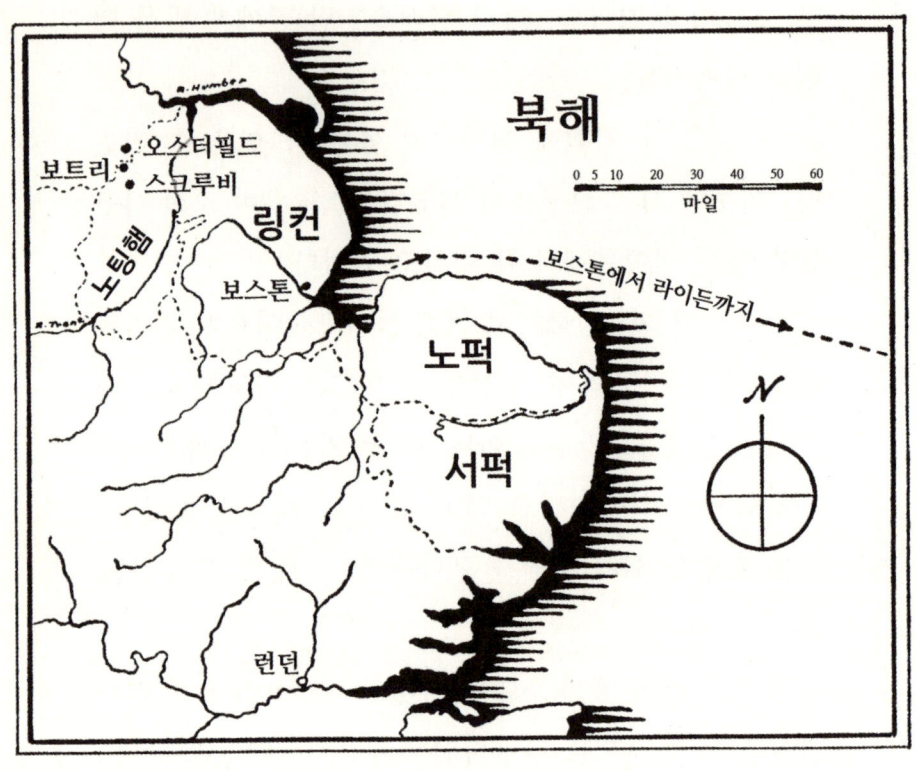

윌리엄은 마음이 벅차올랐다. 아메리카에 가면 그는 더 이상 직조업자가 아닌 자유농이 될 것이다. 그 광대한 신세계에서 그는 땅을 소유하고 양 떼를 키울 것이다. 스크루비 사람들은 홀랜드에 와서 가난해졌지만, 아메리카에 가면 다시 땅을 소유하게 될 것이다. 그들은 스스로 농사를 지어 먹을 것이다. 신세계는 몹시 위험한 곳이지만, 그들은 자유롭게 살 수 있다.

"도로시!" 윌리엄이 불렀다. "브루스터 씨가 오셨어요. 우리는 곧 떠나기로 했어요.!"

도로시 브래드포드가 존을 데리고 방으로 들어왔다. 존은 네 살이었다. 검은 눈에 노란 머리를 한 통통한 아이였다. 브루스터 씨는 그를 번쩍 들었다. 그는 아이에게 미소를 지으며 말했다. "신세계에 걸맞는 튼튼한 소년이로군."

"존은 암스테르담에 계신 제 부모님께 맡기기로 했어요." 도로시가 말했다. "아메리카에서 집을 짓고 나서 존을 데려오기로 했어요."

브루스터 씨가 영국으로 돌아간 후 윌리엄 브래드포드는 교회 식구들의 재산을 파는 일을 맡아서 했다. 그는 아메리카에서 필요한 물품들을 사고 배를 샀다. 마침내 모든 준비가 끝났다. 스크루비 마을에서 온 사람들 중 41명이 아메리카로 가기로 했다. 나머지 사람들은 홀랜드에 남아서 먼저 간 사람들이 마을을 건설할 때까지 기다리기로 했다.

윌리엄 브래드포드와 함께 가는 사람들이 델프스하븐 항구에서 떠날 때 교회 사람들이 모두 나와서 전송했다. 커다란 바지선이 운하를 타고 브래드포드가 사는 집 근처로 왔다. 그 많은 짐을 바지선에 싣느라 모두들 얼마나 분주하게 왔다갔다 움직였는지 모른다. 남자들은 트렁크와 가구들을 바지선에 실었다. 여자들은 집으로 들어가 빠트린 것이 없는지 확인을 했다. 아이들은 바지선에 올랐다 내렸다 하며 놀았다.

　마침내 바지선이 움직이기 시작했다. 그것은 레이든의 복잡한 시가를 지나 탁 트인 시골로 들어섰다. 편편한 홀랜드의 들판이 운하의 물보다 더 낮은 높이로 펼쳐져 있었다. 바지선에서 풀을 뜯는 소들과 밭을 가는 농부들을 내려다보아야 한다니 참 우스운 일이었다.

　그들은 운하를 따라 30킬로미터를 여행했다. 바지선은 간간이 멈추어 운하 문이 열릴 때까지 기다려야 했다. 마침내 그들이 타고 갈 배 스피드웰호의 바로 앞까지 왔다. 이제 모든 짐을 바지선에서 들어 올려야 한다. 배에 짐을 다 싣고 모두 다 갑판에 모였다. 그들의 목사 존 로빈슨이 기도를 했다.

도로시 브래드포드는 아들 옆에 무릎을 꿇고 앉아 입을 맞추었다. "존, 엄마 아빠가 가서 새집을 지어 놓고, 너를 부를게."

존은 울음이 터지려고 했다. 그러나 아버지가 힘센 팔로 그를 들어 안았다. "넌 이제 큰 아이야." 윌리엄이 말했다. "네가 할머니, 할아버지를 잘 돌봐드려야 한다. 네가 아메리카에 오면 우리 집에 농장과 소와 양들과……."

"내 양 한 마리 가져도 돼요? 증조 할아버지가 아버지에게 주신 것처럼?" 존이 몹시 원하는 듯이 물었다. 아버지가 요크셔 농장에 있던 머시에 대해서 들려줬던 것이다.

"그럼. 네 양을 한 마리 주고말고." 윌리엄이 말했다.

존은 아버지 팔에서 빠져나가 할아버지에게로 뛰어갔다. "할아버지, 내가 진짜 양을 갖게 됐어요." 그가 말했다. "아빠가 그래도 된댔어요."

스피드웰이 부두에서 빠져나가자 윌리엄과 도로시는 배 난간에 꼭 붙어 서 있었다. 존은 부둣가에 서서 손을 흔들었다.

"존을 두고 가기 싫어요." 도로시가 말했다. 그녀는 목이 메어 말을 잇지 못했다. "저렇게 어린 것을……."

"우리는 이제 필그림이에요." 윌리엄이 말했다. "존을 하나님 손에 맡겨야 해요."

스피드웰은 며칠 후 영국에 도착했다. 그곳에는 브루스터 씨가 또 다른 배 메이플라워의 승객들과 함께 기다리고 있었다. 두 배는 함께 항해를 떠났다. 그러나 450킬로미터를 갔을 때 스피드웰에 물이 새기 시작했다.

두 배는 함께 영국으로 돌아왔다. 그런 상황에서도 포기하지 않고 여전히 아메리카로 가겠다는 사람들은 모두 메이플라워호에 함께 탔다. 그 배는 스피드웰보다 더 컸지만, 102명이 타니 매우 좁았다.

승객 중 33명은 아이들이었다. 그들은 배 전체를 휘젓고 다녔다. 그들은 선원들과 친구가 되었다. 아이들에게 메이플라워호에서 지내는 것은 신 나는 모험이었고, 차가운 음식이나 비좁은 공간은 조금도 불편하지 않았다. 물을 아끼기 위해서 목욕도 할 수 없었으나 그들은 조금도 아쉬워하지 않았!

거센 바람이 메이플라워를 대양 한가운데로 몰아붙였

배는 위아래로 출렁거렸다.

다. 배가 점점 멀리 갈수록, 바람은 점점 세졌다. 비가 배 갑판 위로 마구 쏟아졌다. 배는 위아래로 출렁거렸다. 승객들은 작은 선실 안에 꾸역꾸역 모여있었다.

배가 출렁거리자 컵과 접시들이 식탁에서 우르르 미끄러져 바닥에 떨어지더니 부서져 버렸다. 또다시 출렁거리자 이번에는 태산 같은 파도가 갑판 위로 쏟아져 들어왔다. 선실의 천정이 부서졌다. 차가운 물이 윌리엄과 도로시와 다른 승객들 위로 떨어졌다.

그렇게 거센 폭풍을 배가 견디어낼 리 만무했다.

우지직 팍! 마치 대포를 쏘듯 요란한 소리를 내며 배의 중심 대들보가 부러졌다. 가뜩이나 지치고 쇠약해진 승객들이 물에 흠뻑 젖어버렸다. 존스 선장이 사람들을 어깨로 밀치며 사고가 난 곳으로 왔다. "다시 영국으로 돌아가는 편이 제일 낫겠습니다." 그가 브루스터 씨에게 말했다.

그렇게 많은 고생을 했는데, 이제 와서 다시 돌아가다니!

"우리에게 커다란 나사 잭이 있어요." 윌리엄 브래드포드가 선장에게 말했다. "그 나사 잭으로 대들보를 수

리할 수 없을까요?"

"한번 해 봅시다." 존스 선장이 말했다.

"존 앨든! 캡틴 스탠디쉬!" 윌리엄이 불렀다. "와서 도와주시겠소?"

통을 만드는 목수, 존 앨든은 키가 큰 금발의 청년이었다. 그는 나사 잭을 어디에 위치해야 하는지 잘 알았다. 마일스 스탠디쉬는 군인이었다. 키가 작고 붉은 머리에 얼굴도 붉었다. 그는 특별히 힘이 셌다. 그들이 힘을 합해 대들보를 수리했다. 배는 다시 돌아가지 않고 계속해서 아메리카를 향해서 나아갔다.

마침내 날씨가 개었고 바다는 잠잠해졌다. 홀랜드를 떠난 지 거의 4개월이 된 어느 날, 선원 한 사람이 중앙 돛대 위에서 소리쳤다. "육지다! 육지다!"

승객들이 우르르 선실에서 나왔다. 그리고 난간으로 달려갔다. 초췌하고 창백한 얼굴을 들어 뱃머리 쪽을 쳐다보았다.

윌리엄 브래드포드는 도로시를 부축해서 난간 쪽으로 갔다. 그녀는 여행하는 동안 줄곧 아팠고 아직도 혼자 일어설 힘이 없었다. "저기, 우리의 새 고향, 아메리카예요! 곧 육지에 내릴 거예요. 그럼 당신도 몸이 좋아질 거예요."

그러나 한 달이 지나서야 필그림들은 정착할 지역을 찾을 수 있었다. 먼저 그들은 메이플라워를 케이프 커드 만의 끝에 정박시켰다. 며칠에 걸쳐 윌리엄 브래드포드와 마일스 스탠디쉬, 그리고 다른 지도자들이 육지를 탐험했다. 그들은 마실 물이 나오는 샘을 발견했다. 인디언들이 묻어놓은 옥수수도 발견했다. 인디언들과 격투도 벌였다.

어느 날 윌리엄 브래드포드가 숲 속을 탐험하다가 그만 사슴 덫을 밟아 버렸다. 그의 다리가 덫의 올무에 걸리자 몸이 나무에 거꾸로 달렸다. 얼른 마일스 스탠디쉬가 줄을 끊어 주었다.

그들은 아직도 정착할만한 장소를 발견하지 못했다.
"해안을 따라 더 올라가 봅시다." 윌리엄이 말했다.

캡틴 스탠디쉬와 남자들 열두 명은 기다란 조각배를 타고 항해에 나섰다. 그 배는 그들이 해안에 내리자마자 사용할 수 있도록 수리한 것이었다.

때는 12월이었고, 날씨는 매섭게 추웠다. 몇 분 후

"육지다! 육지다!"

그들은 비에 맞아 흠뻑 젖어버렸다. 비에 옷이 모두 얼어붙어 거의 움직일 수도 없었다. 그러자 이번에는 눈이 오기 시작했다. 배의 방향조절키가 부러져 파도 속으로 사라져버렸다. 이제 그들은 노를 사용해서 방향을 조종해야만 했다.

"점점 어두워집니다." 캡틴 스탠디쉬가 소리쳤다. "돛을 더 올려요."

그러나 돛을 더 올리자 돛대가 힘없이 부러져 버렸다. 세 조각이 난 돛대를 도끼로 부수어 물 속에 던졌다. 갑자기 날카로운 바위들이 보트 바로 앞 쪽에 나타났다.

"저 바위를 피해 가야 해요. 그렇지 않으면 우리 모두 끝장입니다!" 선원 한 사람이 말했다. 지친 그들은 마지막 남은 힘을 다해 노를 저었다. 그들은 추위와 피곤으로 거의 죽기 직전이었다. 그러다 마침내 그들은 해안에 다다랐다.

다음 날 아침에 보니 그들이 정박한 곳은 아주 좋은 항구였다. 윌리엄은 캡틴 존 스미스가 그린 지도를 꺼냈다. 그 지도는 4년 전에 인쇄된 것이다. "보세요. 캡틴 존 스미스가 벌써 이곳을 플리머스라고 이름 지었어요." 그가 말했다.

"우리가 영국에서 마지막으로 떠난 항구가 플리머스였어요." 존 앨든이 말했다. "좋은 징조 같군요."

그들은 육지를 바라보았다. 씨앗을 심기에 적당한 곳이었다. 맑은 개울과 좋은 항구도 있었다. "이곳이 좋겠어요." 그들이 한목소리로 말했다. "얼른 메이플라워로 가서 우리 가족들을 이리로 데리고 옵시다."

그러나 그들이 메이플라워로 돌아왔을 때, 한 사람이 없어졌다. 그들이 탐험을 나간 사이에 도로시 브래드포드가 배 갑판에서 물 속으로 떨어져 죽은 것이다.

또다시 윌리엄 브래드포드는 혼자가 되었다.

크리스마스날 남자 스무 명이 육지로 가서 플리머스 마을을 짓기 시작했다. 나머지 사람들은 2킬로미터 거리의 항구에 정박해 있는 메이플라워에 남아 있었다. 필그림은 크리스마스를 기념하지 않았다. 그날 그들은 더욱 열심히 일했다. 다음날부터는 날씨가 너무 나빠져서 일을 전혀 할 수가 없었다.

마침내 그들은 건물 몇 채를 지었다. 나뭇가지와 진흙을 혼합해서 벽을 만들고 지붕에는 초가를 얹었다.

건물이 완성되자 필그림들이 몇 명씩 육지로 와서 들어가 살았다.

 1621년 3월 21일 마지막 가족들이 육지로 이사를 왔다. 그러나 이제 남은 사람들은 모두 50명밖에 안 되었다. 1월, 2월 동안 절반 이상이 죽은 것이다. 한 때는 거의 대부분 병이 들어, 건강한 사람 예닐곱 명이 병자들을 먹이고 간호를 해주었었다.

 윌리엄 브래드포드도 거의 죽을 뻔한 고비를 넘겼다. 그가 회복되자 사람들은 그를 주지사로 선출했다. 그는 죽을 때까지 해마다 플리머스 주지사로 선출되었다. 그는 다섯 번이나 다른 사람들을 선출해달라고 부탁했다. 그리고 자신은 부주지사가 되어 변함없이 마을을 위해서 일했다.

14
주지사 브래드포드

"브래드포드 씨, 마지막 집을 어디에다 지어야 하는지 알려주시겠습니까?"
존 앨든이 손에 망치를 들고 서 있었다.
1621년 가을이었다. 필그림이 처음에 와서 지은 진흙집이 있던 자리에 이제 나무로 지은 방 한 칸짜리 집이 두 줄로 서 있었다. 집 한 채에는 각각 일곱 명이 살았다. 집집마다 아이들이 자는 다락이 있었다.

윌리엄 브래드포드는 돌아서서 플리머스 해안으로부터 뻗어있는 언덕으로 올라갔다. 바로 그때 한 사람이 조각배에서 그를 불렀다. "물고기를 잡아 왔어요."

윌리엄은 해안에 있는 큰 바위로 갔다. 그는 바위 위에 올라서서 조각배를 내려다보았다.

"아, 정말 잘했군요!" 그가 소리쳤다. 필그림은 물고기 잡는데 익숙지 않았다. "브루스터 씨 댁으로 가져가세요. 여자들에게 얘기해 놓겠습니다."

윌리엄과 존 앨든은 언덕을 올라 브루스터 씨 집으로 갔다. 해안에서부터 시작되는 길은 두 갈래로 갈라져 각각 남과 북으로 나 있었다. 두 남자가 다른 쪽 길에서 옥수수 바구니를 함께 들고 오고 있었다. "브래드포드 씨, 공동건물 문을 열어주시겠어요?" 한 사람이 말했다.

윌리엄은 그들과 함께 공동건물로 갔다. 언덕 아래쪽에서는 마일스 스탠디쉬가 어깨에 머스켓 총을 메고 올라오고 있었다. 그 뒤에는 두 남자가 칠면조 여러 마리를 등에 싣고 따라왔다. 마일스 스탠디쉬가 손을 흔들었다.

"추수감사절에 사용할 칠면조를 잔뜩 잡아왔습니다." 그가 말했다. "이렇게 사냥을 많이 한 건 처음입니다.

영국에서도, 이곳에서도."

 남쪽 길을 따라 올라가자 스콴토가 왔다. 브래드포드의 인디언 친구였다. 날씨가 추웠으나 스콴토는 허리에 작은 가죽 앞치마를 두른 게 전부였다. 그의 갈색 피부가 햇빛에 번들거렸다.

 "스콴토, 반가워요." 윌리엄이 말했다. "마사소이트 추장에게 내 말을 전달했나요?"

 스콴토가 고개를 끄덕였다. "그가 감사하다고 했습니다. 내일 그가 플리머스에 온다고 했어요."

 윌리엄 브래드포드는 인디언 추장인 마사소이트를 추수감사절에 초대했다. 필그림들은 아메리카에서 일 년을 지냈다. 그들은 충분한 수확을 거두었다. 그동안 열심히 일했으니 이제 사흘 간은 쉬면서 감사를 드리기로 했다.

 다음날 마사소이트는 장정들 90명을 데리고 왔다!

 "음식이 모자라서 어떡하죠?" 브래드포드가 캡틴 스탠디쉬에게 물었다.

 인디언들이 그 문제를 해결했다. 그들은 사냥을 갔다. 그들이 활과 화살을 들고 숲 속으로 사라지자 윌리

171

영국인들과 인디언들은 좋은 친구가 되었다.

엄이 미소를 지으며 생각했다. '꼭 로빈 후드 같은데!'

　인디언들은 곧 사슴 다섯 마리를 잡아왔다. 필그림들은 사슴고기, 칠면조, 물고기, 개울에서 잡은 뱀장어, 모래사장에서 잡은 조개, 옥수수, 푸른 야채와 포도로 잔치를 벌였다. 그들은 사흘동안 먹고, 쉬고, 게임을 했다. 영국인들과 인디언들은 좋은 친구가 되었다.

　그러나 그곳에는 다른 인디언들이 있었다. 그들은 영국인의 정착촌을 파괴시키려고 했다.

　어느 날 거의 벌거벗은 인디언 용사가 영국인 마을에 당당하게 걸어들어왔다. 얼굴에는 빨간색과 노란색 물감이 칠해져 있었다. 가슴에는 구리로 된 판을 붙이고 머리에는 새 깃털을 꽂았다.

　윌리엄 브래드포드는 그때 막 공동건물에서 나오고 있었다. 공동건물에 옥수수를 저장하고 각 가정에 일정한 양을 분배해주는 것이 그가 맡은 임무 중의 하나였다. 그 인디언은 윌리엄에게 걸어가서 거만하고 화난 눈으로 쳐다보았다. 그러더니 윌리엄의 발에 무언가를 던지고는 뒤도 돌아보지 않고 가버렸다.

　윌리엄이 그것을 주워서 보니, 뱀 가죽 속에 화살 한

묶음이 들어있었다.

 그는 해변에 있는 스콴토에게 가서 그것을 보여주었다. "이게 무슨 뜻입니까?" 그가 물었다. "저 인디언이 가지고 왔어요." 그가 마을의 개울을 첨벙거리며 건너가고 있는 인디언을 가리키며 말했다.

 "저 인디언은 나라간셋 인디언입니다." 스콴토가 말했다. "영국인들을 죽이겠다는 뜻이지요."

 윌리엄 브래드포드는 그 작은 식민지 마을이 약해서 스스로 방어할 힘이 없음을 잘 알고 있었다. 그들에게는 요새도 없었다. 최근에 포츈호를 타고 영국에서 온 남자들이 있었지만, 다 합해도 무기를 사용할 수 있는 남자는 40명밖에 안 되었다. 만일 인디언들이 진짜로 그들을 죽이려고 한다면, 얼마든지 죽일 수 있었다.

 이제 그는 어떻게 해야 할까?

 그는 서서 화살을 쳐다보았다. 먼저 뱀 가죽에서 화살을 꺼냈다. 그리고 힘센 손으로 그것들을 쥐고는 무릎에 대고 부러뜨렸다.

 "스콴토, 이리 와보세요." 그가 말했다. "나라간셋 인디언들에게 전해줄 말이 있소." 그가 언덕 위로 뚜벅뚜

벽 걸어갔다. 그는 자기 집으로 들어가서 화약을 꺼냈다. 그리고 뱀 가죽에 화약과 탄알을 넣어 가죽이 거의 터질 듯이 가득 채웠다.

"이걸 나라간셋 부족에게 전해 주시오." 그가 말했다. "우리는 그들에게 잘못한 게 없소. 우리는 평화를 원해요. 그러나 만일 그들이 전쟁을 원한다면, 우리도 준비되었다고 전해주시오."

그날 이후 윌리엄 브래드포드가 살아 있는 동안에는 나라간셋이 두 번 다시 플리머스 마을을 괴롭히지 않았다.

플리머스에는 평화가 필요했다. 그렇지 않아도 질병, 추위, 황무지에서 겪는 위험 등으로 필그림들은 몹시 힘든 삶을 살고 있었다. 인구수는 금방 늘어나지 않았다. 매년 영국에서 새로 온 정착민들이 있었으나, 그들 중 많은 수가 죽거나 그렇지 않으면 용기를 잃고 영국으로 돌아가곤 했다. 필그림이 사는 뉴잉글랜드에는 자유가 있었다. 그러나 그 자유를 얻기 위해서 고된 노동을 하고, 실로 많은 고난을 겪어야 했다.

그로부터 십 년이 지났다. 1631년 어느 토요일 늦은 오후였다. 브래드포드 주지사는 작은 보트 옆에 서 있었다. 그는 그 보트를 타고 자신의 존스리버 농장에서 플리머스까지 왔다갔다 했다. 이제 그는 3백 에이커의 농장을 소유했다. 그는 다시 자유농이 된 것이다.

그를 도와줄 일손은 풍부했다. 브래드포드 집에는 아이들이 열한 명 살고 있었다. 모두 다 그의 친자식은 아니었으나 그는 그 아이들에게 아버지가 되어주었다. 메이플라워를 타고 왔던 첫해 몹시 추운 그 겨울에 많은 아이들이 고아가 되었다. 그는 아버지도 어머니도 없이 고아로 자랐던 자신의 어린 시절을 기억했다. 그래서 그는 플리머스에 사는 모든 아이들이 부모와 함께 자기 집에서 자랄 수 있도록 해주었다.

"존! 컨스탄트! 토마스!" 그가 아이들을 불렀다. "보트가 기다리고 있어. 이제 가야 한다."

소년들은 언덕을 달려 내려왔다. 존 브래드포드가 제일 먼저 왔다. 그는 열여섯 살이 되었다. 그가 몇 년 전에 홀랜드에서 아메리카로 왔을 때 새어머니가 그를 환영해주었다. 브래드포드 주지사가 다시 결혼을 했기 때문이다.

"아빠, 얼른 가요." 그가 말했다. "어둡기 전에 양 떼를 우리에 넣어야겠어요." 양 떼는 플리머스에 있었고 존이 그것들을 돌보았다. 그는 아버지가 홀랜드를 떠나기 전에 약속했던 양을 받았다. 이제 그는 브래드포드 집의 양 떼를 모두 돌보고 있었다.

소년들은 껑충 뛰어 보트에 올라 떠날 준비를 했다. 몇 분 후 그들은 강물을 미끄러져 내려가 플리머스 만에 이르렀다. 브래드포드에게는 말이 한 마리밖에 없었으므로, 그들은 거의 항상 보트를 타고 이동했다.

마침내 그들이 보트를 물에 띄웠다. 플리머스 마을이 서 있는 언덕 뒤로 빨간 석양이 하늘을 물들였다. 윌리엄 브래드포드는 배에서 내려 바위 위에 발을 내디뎠다. 그리고 언덕을 올라가 집으로 갔다. 그 집은 그가 입양한 아이들이 함께 살기 위해서 처음 지었던 집을 더 크게 증축한 집이었다.

어린 머시가 문간에 앉아 있었다. 머시는 아버지를 보자 달려와서 두 팔을 들었다. 윌리엄은 그녀를 번쩍 들어 안았다. 그녀는 하나밖에 없는 소중한 딸이었다. 온 집안에서 딸은 머시 한 명뿐이었다.

"이걸 나라간셋 부족에게 전해 주시오."

"하나님이 널 축복하신다, 머시!" 그가 말했다. 그 이름은 그가 평생 좋아하는 이름이었다.

큰 벽난로가 있는 "큰 방"에 기다란 식탁 주변에 대가족이 둘러앉았다. 식사 준비를 도와줄 만한 큰 딸이 없었기 때문에 어린 윌리엄 브래드포드와 샘 가버슨이 브래드포드 부인을 도와서 식탁에 음식을 날랐다. 음식은 소박했다. 걸쭉한 옥수수 죽에 고기가 조금 섞여 있었다. 그러나 음식은 풍부했다. 소년들은 나무 접시에 옥수수 죽을 가득 담아서 큰 나무 숟가락으로 게걸스럽게 먹었다.

저녁 식사가 끝나자 브래드포드 주지사는 어린 윌리엄에게 성경책을 가져오라고 했다. 그것은 할아버지의 성경책이었다. 그 책은 먼 여행을 하는 동안 때가 묻고 닳아버렸다. 그는 보트를 타고 이동하는 동안에도 날씨가 어떻든 상관없이 자주 그 성경을 가지고 다녔다.

브래드포드 주지사는 그 책을 폈다. 그리고 그것을 존에게 건네주었다. "오늘 밤에는 존이 읽을 차례야." 그가 말했다. "존, 시편 23편을 읽도록 하자."

브래드포드 부인은 촛불을 가져와서 식탁 위에 놓았

다. 존은 책 옆에 촛불을 놓았다. "여호와는 나의 목자시니……." 그가 읽기 시작했다.

아버지는 눈을 감았다. 그는 할아버지와 함께 양우리에서 머시를 발견했던 날을 기억했다. 그리고 할아버지가 한 말을 떠올렸다. "넌 자유농이야, 윌리엄. 항상 그걸 기억해라." 그러나 할아버지는 윌리엄이 신세계에서 자유농이 될 거라고는 상상하지 못했었다. 더 나아가 그가 식민지 마을 전체의 지도자인 주지사가 될 거라고는 상상하지 못했다.

"내 잔이 넘치나이다." 존이 읽었다. "나의 평생에 선하심과 인자하심이 정녕 나를 따르리니 내가 여호와의 집에 영원히 거하리로다."

윌리엄 브래드포드는 기다란 식탁에 둘러앉은 아이들을 하나하나 쳐다보았다. 촛불 빛에 아이들 얼굴이 금색으로 빛났다. 그 소년들은 바깥에서 일을 하기 때문에 건강하고 힘이 셌다. 모두 다 잘생기고 훌륭한 소년들이었다. 한 명도 빠짐없이.

윌리엄은 그들이 자랑스러웠다. 그는 식탁 반대편에 앉아 있는 브래드포드 부인도 보았다. 두 사람의 눈이 마주쳤다. 그들은 서로 고개를 끄덕이고 미소를 지었다. 그 두 사람 사이에는 신세계의 후손들이 앉아 있었다. 새 나라가 건설되고 있었다.

작은 플리머스 마을은 질병, 배고픔, 인디언의 위협을 통과했다. 그것은 작지만, 윌리엄 브래드포드 덕택에 튼튼한 마을이 되었다. 그는 지혜와 능력과 사랑으로 모든 위험에서 그 마을을 지켜냈다. 브루스터 씨 말이 맞았다. 하나님께서 그에게 주신 사명이 있었고, 그는 그 사명을 성취했다.

"존, 고맙다." 존이 다 읽자 그가 말했다. 그리고 일어나서 촛불을 들고 책상으로 갔다. 그의 책상에는 가죽으로 묶은 공책이 있었다. 첫 페이지에는 이렇게 써 넣었다.

플리머스 플랜테이션

윌리엄 브래드포드에게는 플리머스의 역사를 사는 것만으로 충분하지 않은 것 같았다. 그는 그것을 기록하고 싶었다. 그는 할 일이 많았지만 시간이 날 때마다 그 공책에 조금씩 기록을 했다. 그러나 아직도 십 년 전에 일어난 일을 쓰고 있었다. 그날 밤 그는 홀랜드의 라이든을 떠나 영국으로 간 사건을 기록했다.

"그래서 그들은 친절하고 유쾌한 도시, 그들이 거의 12년 동안 안식처로 삼았던 도시를 떠났다." 그가 기록했다. "그들은 스스로 필그림이란 걸 알고 있었던 것이다."

필그림! 그들은 그때까지도 스스로를 부르는 이름이 없었다. 윌리엄은 그 이름이야말로 안성맞춤이라고 생각했다. 그는 자신이 평생 필그림이었다고 생각했다.

어릴 때에도 그는 이 집에서 저 집으로 옮겨 다녔다. 할아버지 집에서 어머니 집으로, 그리고 나서 삼촌 집으로. 그는 한 번도 자기 집에서 살아보지 못했다. 그러나 이제 그에게는 집이 있었다. 그는 이제 플리머스 식민지 주민들 모두의 아버지가 되었다.

그는 이제 자신이 무엇을 해야 하는지를 발견한 것이다. 그리고 자신의 안식처를 발견한 것이다.

무슨 뜻일까요?

윌, 윌리 윌리엄의 애칭   **자유농** 자기 땅을 소유한 독립자영농민

목초지 가축들이 풀을 뜯는 넓은 풀밭

골풀 줄기가 질긴 풀로 방석, 돗자리 재료로 사용됨

저글링 공 같은 물건을 세 개 이상 들고 공중으로 던져 가며 다양한 묘기를 보이는 것

페니 1원짜리처럼 제일 단위가 낮은 동전

민요 옛날부터 전해 내려오는 노래

죽마 기다란 장대 두 개에 발판을 붙여서 그것을 밟고 걷는 기구

주기도문 신약성경 예수님께서 제자들에게 가르쳐준 기도

국교회 카톨릭 교황에게서 독립하여 국왕이 우두머리가 된 영국 교회

우정국장 우정 업무를 담당하는 관리

대주교 카톨릭 교회의 높은 지위

대주교 장원 대주교가 소유하는 넓은 토지

주장관 마을의 질서를 유지하고 세금을 걷어가는 사람

들어올리는 다리 장원 가장자리는 깊은 물웅덩이로 둘러져있었다. 물웅덩이를 건너가는 다리는 평소에는 내려놓았다가, 전쟁이 일어나면 주민들이 모두 장원으로 피신하고 난 뒤 다리를 들어올려 적군이 들어오지 못하게 했다.

홀랜드 오늘날의 네덜란드

체포 영장 죄를 지었는지 확인하기 위해 잡아갈 수 있도록 허락한 문서

바지선 바닥이 편편한 배

운하 배가 다닐 수 있도록 땅을 파서 만든 물 길

정착촌 마을이 없는 곳에 새로 건설한 마을

필그림 고향이나 고국을 떠나 방랑하는 사람들

여러분, 기억하나요?

1. 어린 윌리엄 브래드포드는 어디서 살았나?

2. 윌리엄은 왜 자기 양을 머시라고 이름 지었나?

3. 할아버지와 어머니가 돌아가신 후 윌리엄 브래드포드는 어떻게 되었나?

4. 로버트 삼촌이 가족들을 데리고 덩카스터 장에 갔을 때 윌리엄에게 무슨 일이 일어났나?

5. 윌리엄은 어느 날 양 떼를 돌보러 나가면서 무슨 책을 가지고 갔나?

7. 윌리엄은 존슨 씨 학교에서 어떤 친구를 만났나?

8. 윌리엄, 샘, 톰이 셔우드 숲에 갔을 때 무슨 일이 있었나?

9. 윌리엄은 영국의 새 왕을 보려고 어디로 갔나?

10. 윌리엄은 왜 대학에 갈 수 없었나? 그 대신 어떻게 대학 공부를 했나?

11. 윌리엄은 로버트 삼촌의 병든 양들을 어떻게 구했나?

12. 윌리엄과 같은 교회 사람들은 왜 감옥에 갇혔나?

14. 그들은 왜 신대륙 아메리카로 가기로 했나?

윌리엄 브래드포드가 살던 시절

1590 3월 19일 윌리엄은 영국 오스터필드에서 태어났다.

1592 우리나라에서 임진왜란이 일어나자 명나라의 도움으로 왜군을 물리쳤다.

1607 필그림들이 영국을 탈출하려다 체포되었고, 윌리엄은 감옥에 갇혔다. 아메리카에 첫 번째 영국 식민지 버지니아의 제임스타운이 건설되었다.

1608 윌리엄은 네덜란드에 도착했다.

1613 윌리엄은 도로시 메이와 결혼했다.

1620 필그림은 아메리카에 도착하여 플리머스 마을을 짓고 메이플라워 조약을 결성했다.

1621 메사소이트 인디언 추장이 플리머스와 평화조약을 맺었다. 윌리엄은 주지사로 선출되어 30년 동안 봉사했다.

1625 아메리카에 뉴암스테르담(현재의 뉴욕) 식민지가 건설되었다.

1631 갈릴레오 갈릴레이가 종교 재판을 받기 위해 로마에 갔다.

1636 메사추세추 식민지에 하바드 대학이 설립되었다.

1644 만주족에 의해 명나라가 멸망하고, 중국에 청나라가 시작되었다.

1651 5월 9일 윌리엄이 세상을 떠났다.

마그나 카르타 대헌장 이야기 (제임스 도허티 지음)
존왕과 귀족들을 중심으로, 십자군 원정의 영웅 사자왕 리차드, 의적 로빈 훗과 그 일당. 의역과 악역이 따로 없으며, 승패의 예측을 불허하는 중세 유럽의 대서사시. 말로만 듣던 중세 유럽 봉건제도란 바로 이런 것이었다.

필그림의 나라(메이플라워호를 타고 온 사람들) (제임스 도허티 지음)
양심을 타협하기를 거부했던 사람들은 자유를 찾아 방랑하는 도망자가 된다. 온갖 역경 끝에 신세계의 황무지에 정착하자, 질병과 굶주림의 절반의 목숨을 앗아간다. 미국의 탄생 속에 숨겨진 가슴 뭉클한 실화.

아메리카 대장정 사상 최초의 북미대륙 횡단기 (제임스 도허티 지음)
역사상 최초로 북미대륙을 횡단한 루이스와 클락의 탐험이야기. 한계를 모르고 도전하는 인간의 모험심, 두려움을 거부하는 불굴의 용기, 역경을 정복하는 인간의 의지력. 미국 서부개척정신의 진수를 보여준다.

푸어 리차드 벤자민 프랭클린 이야기 (제임스 도허티 지음)
세상에서 가장 사랑받는 자서전의 주인공. 정직, 근면, 검약을 신조로 맨손에서 자수성가하는 아메리칸 드림의 원조. 가난한 인쇄공에서 국가 최고 지도자가 되고, 서민의 친구이자 혁명가였던 양키 중의 양키.

아브라함 링컨 (제임스 도허티 지음)
동양과 서양, 진보와 보수, 좌익과 우익, 남녀노소 모두에게서 사랑받고 존경받는 신화적인 인간. 신화 속에 가려진 인간 링컨의 방황과 갈등, 연민과 고뇌.

자유이야기 (찰 지음)
당신은 아는가 자유를 위해 치른 그 고귀한 희생을 실제 있었던 소설 같은 이야기. 목숨을 걸고 자유와 진리를 고수하려는 이름없는 사람들의 이야기. 이 책에서 우연히 일어나는 사건이라고는 찾아볼 수 없을 것이다.

잠언 생활동화 시리즈

윌리엄 브래드포드: 어린 양을 사랑한 아이

초판 1쇄 2013년 11월 5일
초판 2쇄 2016년 1월 5일
지은이 브래드포드 스미스 • 그림 폴 부시
편집: 이윤숙 • 옮긴이 오소희 • 디자인 안성현 알리사
발행인 리빙북 경기도 군포시 오금로 34 1504-380
이메일 livingbook.kr@daum.net
전화 070-7883-3393   팩스(도서주문) 031-943-1674
은행계좌 국민은행(예금주:리빙북) 639001-01-609599
출판등록 제399-2013-000031호
이 책의 내용을 사용하실 분은 출판사의 허락을 받으시기 바랍니다.
책값은 뒤표지에 있습니다
© 1953, Bradford Smith
© 2013, Living Book
ISBN 978-89-92917-292 (74840)
　　　　978-89-92917-537 (74840 set)

LivingBook.kr